DRUMMOND E A ADMINISTRAÇÃO PÚBLICA

O ENCONTRO DA POESIA COM A BUROCRACIA NA VIDA E OBRA DE CARLOS DRUMMOND DE ANDRADE

FÁBIO LINS DE LESSA CARVALHO

Cristiana Fortini
Prefácio

Raquel Carvalho
Apresentação

DRUMMOND E A ADMINISTRAÇÃO PÚBLICA

O ENCONTRO DA POESIA COM A BUROCRACIA NA VIDA E OBRA DE CARLOS DRUMMOND DE ANDRADE

Belo Horizonte
FORUM
CONHECIMENTO
2025

FÓRUM
CONHECIMENTO

Luís Cláudio Rodrigues Ferreira
Presidente e Editor

Coordenação editorial: Leonardo Eustáquio Siqueira Araújo / Thaynara Faleiro Malta
Revisão: Renata Sangeon
Capa e projeto gráfico: Walter Santos
Diagramação: Derval Braga

Rua Paulo Ribeiro Bastos, 211 – Jardim Atlântico – CEP 31710-430
Belo Horizonte – Minas Gerais – Tel.: (31) 99412.0131
www.editoraforum.com.br – editoraforum@editoraforum.com.br

Técnica. Empenho. Zelo. Esses foram alguns dos cuidados aplicados na edição desta obra. No entanto, podem ocorrer erros de impressão, digitação ou mesmo restar alguma dúvida conceitual. Caso se constate algo assim, solicitamos a gentileza de nos comunicar através do *e-mail* editorial@editoraforum.com.br para que possamos esclarecer, no que couber. A sua contribuição é muito importante para mantermos a excelência editorial. A Editora Fórum agradece a sua contribuição.

Dados Internacionais de Catalogação na Publicação (CIP) de acordo com ISBD

C331d Carvalho, Fábio Lins de Lessa

Drummond e a Administração Pública: o encontro da poesia com a burocracia na vida e obra de Carlos Drummond de Andrade / Fábio Lins de Lessa Carvalho. Belo Horizonte: Fórum, 2025.

208p. 14,5x21,5cm
ISBN impresso 978-65-5518-762-5
ISBN digital 978-65-5518-822-6

1. Administração Pública. 2. Burocracia. 3. Literatura. 4. Poesia. 5. Drummond. 6. Serviço público. 7. Crônicas. I. Título.

CDD 340.11
CDU 340.11

Ficha catalográfica elaborada por Lissandra Ruas Lima – CRB/6 – 2851

Informação bibliográfica deste livro, conforme a NBR 6023:2018 da Associação Brasileira de Normas Técnicas (ABNT):

CARVALHO, Fábio Lins de Lessa. *Drummond e a Administração Pública*: o encontro da poesia com a burocracia na vida e obra de Carlos Drummond de Andrade. Belo Horizonte: Fórum, 2025. 208p. ISBN 978-65-5518-762-5.

Meu caro Carlos,

Estou ministro da Educação. Tenho diante de mim uma obra magnífica por fazer, mas cheia de dificuldades tremendas. Para realizá-las, preciso ter comigo homens eficientes. Apelei hoje para você, quando lhe falei pelo telefone, porque não sei de outro homem da sua capacidade.

Carta de Gustavo Capanema, ministro da Educação e Saúde Pública, convidando Carlos Drummond de Andrade para ser seu chefe de Gabinete, em 1934.

A verdade é que é possível ser burocrata com paixão e gastar neste como em qualquer outro gênero de vida toda a nossa força de amar, de brigar, de sofrer e de ser feliz.
Da burocracia tenho vivido e ela nunca me impediu de ser eu mesmo.

Carlos Drummond de Andrade, em entrevista concedida em 1941.

Tive ouro, tive gado, tive fazendas.
Hoje sou funcionário público.

Carlos Drummond de Andrade, em trecho do poema *Confidências do itabirano*, 1940.

Observa-se que quase toda a literatura brasileira, no passado como no presente, é literatura de funcionários públicos.

Carlos Drummond de Andrade, crônica *A rotina e a quimera*, 1952.

SUMÁRIO

PREFÁCIO

Das minas, do ferro, a partícula que fere e enriquece. Montanhas que se erguem como proteção ou exílio. Possibilidades de sonhos imprestáveis que nascem do desejo de sobrepujá-las ou nelas se aninhar demorando uma vida toda. Essa dicotomia de estar no alto e sofrer por ser horizonte finito.

Carlos Drummond de Andrade, alma forjada no relevo e vazias noites brancas. Linhas melancólicas do estranho sentimento de saudade da Itabira que se quis abandonar. Pobre poeta. Desconhecia que o que está em nós, na seiva que nos hidrata, antes se robustece. Cresce na medida dos fios brancos e dos rios na face. Somos mais Itabira do que um dia pensamos deixar de ser.

O Poeta, vejam só, foi homem da repartição, linhas de poesias escurecidas ou não por decretos e requerimentos. Um Poeta expectador da vida da pacata cidade e do Estado Novo; poesia e burocracia amalgamadas pela eternidade.

Drummond, poeta sério, como sério há de ser o homem de repartição. A(gente) a serviço de todo um público, esse ser inanimado e tão cheio de rostos e dores. Pedras do caminho decantadas em artigos de leis. Trinta anos de ofício, de papel, essa "coisa calada" à espera de requerimentos, brutalidade e amores.

Drummond, de repente, era funcionário e era feliz, respirando os mesmos documentos de sua mesa na noite de seu quarto. Esse é o "poeta funcionário" investigado por Fábio Lins e sua alma de verde-mar.

Das Alagoas, refúgio dos Palmares e da renda filé, vem Fábio Lins e sua curiosidade juvenil pelas almas barnabés (expressão aqui empregada com afeto) que formam nossa história. Graciliano Ramos, Machado de Assis, Nise da Silveira e Carlos Drummond de Andrade, pedras preciosas, pérolas do mar de sonho verde.

Fábio e Carlos, dois cenários, tantas dessemelhanças, mas o mesmo ventre. Paridos no funcionalismo público, expressão abandonada em 1988, como abandonada foi a cidade do poeta, que, raivosa, firmou-se ali na raiz de sua escrita. Vidas que se unem aqui, agora, no livro dedicado ao Poeta da racionalidade, inundado pela burocracia.

O Direito Administrativo está tatuado em Drummond. Trinta anos que uma aposentadoria não cancela e que reverberam em Josés e

Noites na repartição. Fábio Lins descortina esse homem, agente como tantos de nós que tocamos neste livro. Um serviço público sobre um homem público de alma privada.

Desfrutemos.

Cristiana Fortini

APRESENTAÇÃO

Fábio Lins de Lessa Carvalho nasceu em uma época em que ainda vivia Carlos Drummond de Andrade. O encontro definitivo entre eles, contudo, demorou. Diferentemente dos mares das Alagoas, que de cara ofereceram ao autor o mundo em um olhar, abraçar Drummond pediu paciência e um bocado de esforço e silêncio. Foi preciso ao autor de Maceió aguardar a adultez e só então passar pelas montanhas mineiras para se misturar às palavras escritas do poeta itabirano. Deixar-se tocar pelo espírito denso e enraizado do seu texto para, enfim, sentir. Sentir gratidão, a "palavra-tudo", como escreveu Drummond, e muito, mas muito mais.

Quando lemos *Drummond e a Administração Pública*: o encontro da poesia com a burocracia na vida e na obra de Carlos Drummond de Andrade, somos apresentados à vida do poeta, da infância à velhice, passando por família, amigos, profissão e amores. Com um pouco dele em nós, entendemos o serviço público que derrama das suas cartas, crônicas, entrevistas e poemas. E isso, por si só, já encanta um apaixonado por literatura, jurista ou, mais especificamente, administrativista. Mas não é só.

A verdade é que Fábio, assim como Drummond, nos faz um convite. Vá ser *gauche* na vida! Ache sua chave; com ela na mão, procure a porta e, se em Minas não estiver, *marche*! Não precisa saber para onde e, mesmo com uma pedra no meio do caminho, arrisque encontrar J. Pinto Fernandes: ele, assim como a felicidade, não está na história, pouco óbvia. Ainda assim, absorva a sede infinita de amor sem conta e deixe o coração vasto, pronto ao mundo, apenas provar que a vida prossegue. Esse é o convite-intimação que a obra nos entrega: "Chegou um tempo em que a vida é uma ordem. A vida apenas, sem mistificação".

Não é fácil tocar tanta poesia como a que Drummond nos entrega casualmente, parecendo prosear em um entardecer de sábado. Intrigados, nós nos perguntamos: "Como um poema pode ser tão avassalador se ele parece tão simples e desavisado?". Desavisados somos nós, que terminamos capturados pela prosa de Fábio, em busca de compreender o serviço público, a burocracia do Estado e a ideia de servidor público no tempo em que trabalhou Carlos e que tão gentilmente vai se desenhando.

Como um presente, abandonamos o poeta reservado, burocrata fechado, meio "bicho do mato ensimesmado", para conhecer a introspecção de quem nasceu em uma região montanhosa, de acesso difícil, com um povo murado que, solitário, parece tímido, mas no fundo é sentimento puro da terra em que se faz. Capaz de atender o público no gabinete, descortinamos um Drummond que chegou ao Rio de Janeiro e o adotou como morada por 53 anos, rendendo-se à propaganda, divulgação e noite de autógrafos, sem fugir dos leitores como se fugisse do diabo, mas ainda com o temperamento privado na manga e à espreita. Rejeitou os holofotes da fama, a vaidade sem limites e a exposição midiática – coisa de gente terrivelmente corajosa.

Drummond foi corajoso para, com alma de poeta, ser jornalista e burocrata, "funcionário público exemplar" e "danado de organizado e trabalhador", mostrando a sorte que rodeia quem escolhe comissionados e, às vezes, encontra esforço a cada entrega e dedicação. Não se furtou a encarar a preguiça na repartição com o oficial que nada resolve, despachos interlocutórios lavrados na teia de aranha e o delegado que não prende, "preso à estante repetida, à sempre garrafa, ao colo". Em meio aos pedidos dos amigos, muito antes de se combater o nepotismo, deixa evidente como é difícil a Administração Pública cumprir a lei em face de quem tem o poder nas mãos, no país da primazia da lei do mais forte. É sutilmente irônico quando fala da Proclamação da República "leviana" ao impedir o patrimonialismo afilhadista, dos deveres e das proibições que se exigem dos cidadãos.

Desvendamos alguém de uma geração ciente de que, como servidor público, não conheceria "a fome e nem o fausto", cumprindo a sina de "monstro de correção e rigor burocrático", sem perder idiossincrasias e repentes, eis que genuinamente humano. Com todo o desconforto de integrar os quadros de um Estado historicamente autoritário, desencantado com a ação política, surge uma vida permeada pela ética ao governo e à sociedade, crente na democracia e em valores progressistas. Nomeia o "mundo um teatro de injustiças e de ferocidades extraordinárias", em que é manifesta a importância de educar o país, começando com os professores e os livros. "E cuidaremos do Estado Técnico. Precisamos adorar o Brasil! Se bem que seja difícil caber tanto oceano e tanta solidão no pobre coração já cheio de compromissos..."

É comovente como, pelos seis capítulos, surge esse Drummond que apresenta "os partidos que não são partidos políticos", as misérias do Brasil e, apesar disso (ou inclusive por isso), a "energia da mocidade brasileira, há tanta capacidade de ação, a gente vê tanta obra social interessante, tantas pessoas se interessando pelo bem-estar da comunidade que não sou pessimista". Sem a ilusão juvenil de se alcançar o resultado desejável, com o envelhecer que aguça o ceticismo e a autocrítica, acena com a sorte de tapetes mágicos para maravilhar outros indivíduos no pudor, na ironia, no *humour* e na dignidade pessoal.

Se no mesmo ano em que foi homenageado pela Estação Primeira de Mangueira, campeã do carnaval, a dor pela morte da filha foi tão grande que também ele se foi, doze dias depois, Drummond deixou-nos como legado um poema, quase profecia, de autoria confirmada depois da partida, como nos conta Fábio Lins:

> O Rio? É doce.
> A Vale? Amarga.
> (...)
> Entre estatais
> E multinacionais, Quantos ais! (...)
> Quantas toneladas exportamos De ferro?
> Quantas lágrimas disfarçamos
> Sem berro?

A nós, que trabalhamos no Estado e lidamos com esses horrores de vez em quando, fica uma esperança: "A verdade é que é possível ser burocrata com paixão e gastar neste como em qualquer outro gênero de vida toda a força de amar, de brigar, de sofrer e de ser feliz". Chega a ser belo o desafio de cada um ser "o intelectual vivo, que tem consciência do seu papel no composto social, estará sempre atento à nova disposição dos problemas, interessado em aprofundá-los e de algum modo contribuir para resolvê-los".

A todos, uma oração como herança, tão explícita quanto inesperada: "Meu Deus, tomai conta de nós. Deus vela o sono dos brasileiros". E ainda que acordemos e briguemos novamente, que Deus vele nossos sonhos como Drummond, que, pelas mãos de Fábio, resgata nossa fé.

Raquel Melo Urbano de Carvalho

CAPÍTULO 1

A VIDA E A OBRA DE DRUMMOND (POR ELE MESMO)

A vida de Carlos Drummond de Andrade ocupou quase todas as décadas do século XX: foram quase 85 anos, entre 31 de outubro de 1902 e 17 de agosto de 1987. Tendo vivido em um país cuja população pouco lê[1] e que quase não produz e consome o gênero poesia,[2] Drummond alcançou um feito notável: considerado pela crítica especializada um dos maiores nomes da literatura brasileira de todos os tempos,[3] ele é um dos raros poetas que tem vários poemas (ou, ao menos, trechos deles) recitados de cabeça por muitos brasileiros.

---

1 Neste contexto, *vide* a reportagem *84% da população adulta do Brasil não comprou nenhum livro no último ano, aponta pesquisa*, publicada no *site* Globo.com em 7 de dezembro de 2023, disponível em: https://g1.globo.com/pop-arte/noticia/2023/12/07/84percent-da-populacao-adulta-do-brasil-nao-comprou-nenhum-livro-no-ultimo-ano-aponta-pesquisa.ghtml . Acesso em: 12 abr. 2025.

2 Neste sentido, *vide* a reportagem Por que não se lê poesia, na qual se destaca a baixa produção de obras literárias de poesia no Brasil (Reportagem *Por que não se lê poesia*, texto de Fabrício Carpinejar, publicada na revista *Superinteressante* em 31 de outubro de 2015, disponível em: https://super.abril.com.br/cultura/por-que-nao-se-le-poesia. Acesso em: 12 abr. 2025.

3 Em 2013, o jornal *Correio Braziliense* fez uma pesquisa com cinquenta intelectuais de vários estados e instituições ligadas à literatura, como universidades, revistas especializadas, cadernos de cultura de grandes jornais, centros de pesquisa e projetos literários e de incentivo à leitura. Foram feitas algumas perguntas, como quem é o maior escritor brasileiro e quais são os melhores livros da literatura brasileira. Carlos Drummond de Andrade foi considerado o terceiro maior nome da nossa literatura, tendo sido o escritor com mais livros citados (cinco) entre os melhores: *Rosa do povo, Claro enigma, Lição das coisas, Sentimento do mundo* e *Alguma poesia* (*Enquete com especialistas elegeu os melhores livros e autores do país*, publicada em 14 de abril de 2013 no *jornal Correio Braziliense*, disponível em: https://www.correiobraziliense.com.br/app/noticia/diversao-e-arte/2013/04/14/interna_diversao_arte,360305/enquete-com-especialistas-elegeu-os-melhores-livros-e-autores-do-pais.shtml. Acesso em: 12 abr. 2025.

Quem não conhece "no meio do caminho tinha uma pedra, tinha uma pedra no meio do caminho"; "João amava Teresa que amava Raimundo que amava Maria que amava Joaquim que amava Lili, que não amava ninguém"; ou "E agora, José? A festa acabou, a luz apagou, o povo sumiu, a noite esfriou, e agora, José?". Não à toa se diz que "Drummond é ponto máximo da realização nacional no âmbito da lírica moderna".[4]

Conhecer a vida e a obra de Drummond é um bom caminho para se aproximar da realidade brasileira, tão bem presente em seus textos (não apenas nas poesias, mas também nas crônicas). A obra de Drummond é vasta, e a importância do poeta pode ser sintetizada por este trecho de José Guilherme Merquior, crítico literário e membro da Academia Brasileira de Letras:

> Ele dirigiu o olhar do lirismo para o significado humano do estilo existencial moderno. Desde então, tornou sua escrita extraordinariamente atenta a dois fenômenos de base da evolução histórica do país: o sistema patriarcal e a sociedade de massas. (...) Cantor da terra e da cidade, analista sutil da criação poética, escritor fascinado pelas paixões do homem e pela ordem do mundo, ele é depois de Machado de Assis – com quem divide tanto o humor desiludido quanto a atitude lúdica no tocante à forma e ao verbo – o principal exemplo na literatura brasileira da obra literária voltada à problematização da vida.[5]

Pode-se afirmar que todo aquele que se interessar pela biografia de Carlos Drummond de Andrade não poderá deixar de perceber, além da poesia e do jornalismo (que gerou milhares de crônicas), a presença de outro elemento central: a burocracia.

Todavia, embora muitos até saibam que o poeta mineiro foi funcionário público, pouquíssimos brasileiros sabem quais atividades ele desempenhou e em que condições isso se deu. Perguntas como "Teria sido Drummond um servidor público dedicado?", "Ele era eficiente no desempenho de tais atividades públicas?"; ou "A experiência adquirida no serviço público influenciou sua obra?" ainda não foram devidamente respondidas ou, ao menos, divulgadas.

---

4 SANSEVERINO, Antonio Marcos. O poeta e o crítico, diálogo entre Drummond e Candido. *Revista Letras*, Curitiba, n. 74, p. 101-116, jan./abr. 2008.

5 MERQUIOR, José Guilherme. Verso universo em Drummond, 1975, disponível em: https://www.academia.org.br/academicos/jose-guilherme-merquior/textos-escolhidos. Acesso em: 12 abr. 2025.

Assim, este livro se propõe a trazer luzes à marcante presença do serviço público (burocracia estatal) na vida de Carlos Drummond de Andrade, uma vez que o poeta mineiro esteve intimamente envolvido por mais de 35 anos, ao ocupar diversos cargos públicos.

Ademais, não pararemos aí, uma vez que o outro objetivo desta pesquisa é revelar ao público, aos leitores de Drummond e àqueles que ainda sequer o conhecem a presença do serviço público nos textos produzidos pela poeta, sejam literários (poemas e crônicas), sejam pessoais (cartas e entrevistas).

Neste primeiro capítulo, a vida e a obra do poeta mineiro serão apresentadas pelo próprio Carlos. Curiosamente, o poeta dizia se sentir um pouco sem assunto sempre que alguém lhe pedia para contar sobre sua vida, seja porque a considerava pobre em acontecimentos, seja porque julgava sua poesia autobiográfica.[6]

Todavia, conforme veremos, apesar de tímido e reservado, Drummond também deu muitas declarações sobre sua trajetória e manifestou publicamente diversas opiniões sobre os mais diferentes temas. Conforme se perceberá a seguir, os relatos autobiográficos de Drummond não apenas são valiosos por serem os mais autênticos, como também se destacam pela qualidade insuperável de seu texto.

1.1 Infância

Carlos Drummond de Andrade era oriundo de uma abastada família da aristocracia rural de Itabira (do tupi, "pedra erguida"), cidade situada no Quadrilátero Ferrífero, a pouco mais de cem quilômetros de Belo Horizonte. Era o nono filho do fazendeiro Carlos de Paula Andrade e de Julieta Augusta Drummond de Andrade, e, até os 16 anos, viveu em sua cidade natal, cuja principal atividade econômica era a extração de minério de ferro.

Como nasceu no início do século XX em uma pequena cidade do interior mineiro, Drummond ainda conheceu uma sociedade rural, com muitas heranças da escravidão e influenciada pelo patriarcado e pela hierarquia.

---

6 ANDRADE, Carlos Drummond de. Entrevista concedida ao *Jornal de Letras*, em 1955, disponível em: https://institutoling.org.br/explore/a-poesia-autobiografica-de-carlos-drummond-de-andrade. Acesso em: 12 abr. 2025.

> Infância
> Meu pai montava a cavalo, ia para o campo.
> Minha mãe ficava sentada cosendo.
> Meu irmão pequeno dormia.
> Eu sozinho menino entre mangueiras
> lia a história de Robinson Crusoé,
> comprida história que não acaba mais.
>
> No meio-dia branco de luz uma voz que aprendeu
> a ninar nos longes da senzala – e nunca se esqueceu
> chamava para o café.
> Café preto que nem a preta velha
> café gostoso
> café bom.
>
> Minha mãe ficava sentada cosendo
> olhando para mim:
> – Psiu . . . Não acorde o menino.
> Para o berço onde pousou um mosquito.
> E dava um suspiro . . . que fundo!
>
> Lá longe meu pai campeava
> no mato sem fim da fazenda.
>
> E eu não sabia que minha história
> era mais bonita que a de Robinson Crusoé.[7]

No poema *Confidências do itabirano*, Drummond revela a influência de suas origens em sua formação:

> Alguns anos vivi em Itabira.
> Principalmente nasci em Itabira.
> Por isso sou triste, orgulhoso: de ferro.
> Noventa por cento de ferro nas calçadas.
> Oitenta por cento de ferro nas almas.
> E esse alheamento do que na vida é porosidade e comunicação.
>
> A vontade de amar, que me paralisa o trabalho,
> vem de Itabira, de suas noites brancas, sem mulheres e sem horizontes.
> E o hábito de sofrer, que tanto me diverte,
> é doce herança itabirana.

---

[7] *Idem*. Poema *Infância*, publicado originalmente no livro *Alguma poesia*, de 1930. *In*: *Idem*. *Nova Reunião. 23 livros de poesia*. São Paulo: Companhia das Letras, 2015. p. 10.

> De Itabira trouxe prendas diversas que ora te ofereço:
> esta pedra de ferro, futuro aço do Brasil;
> este São Benedito do velho santeiro Alfredo Duval;
> este couro de anta, estendido no sofá da sala de visitas;
> este orgulho, esta cabeça baixa...
>
> Tive ouro, tive gado, tive fazendas.
> Hoje sou funcionário público.
> Itabira é apenas uma fotografia na parede.
> Mas como dói![8]

Sobre a condição financeira do poeta na infância, em entrevista concedida em 1954, ao ser indagado sobre a razão do título de seu livro *Fazendeiro do ar*, ele explicou que a riqueza da família começou a entrar em decadência exatamente na sua geração:

> Os meus antepassados, inclusive meu bisavô, meu avô e meu pai foram todos fazendeiros em Minas; quando chegou a minha a vez, a fazenda havia acabado. Assim sem-terra, considero-me fazendeiro do ar... Daí o título.[9]

1.2 Estudos

O poeta se recorda que o gosto pela leitura veio de muito cedo e que isso contava com o incentivo de seus pais, como se vê em um episódio ocorrido no final da infância, do qual nunca se esqueceu:

> Eu, desde menino, gostava muito de ler. Em 1913, papai mandou buscar e chegou a Itabira, em lombo de burro, a famosa Biblioteca Internacional de Obras Célebres. Com sua leitura me considerei o cidadão mais culto da cidade. Meu irmão José, dono da metade da biblioteca, então a perdeu para mim, porque o venci numa discussão. Até hoje a conservo. Meu acervo de cultura era essa biblioteca. Dava pro rapazote brilhar. Sabia um pouco de tudo. Aquilo me abriu a janela para o mundo. Um irmão meu ainda me mandava revistas e jornais do Rio.[10]

---

8 *Idem*. Poema *Confidências do itabirano*, publicado originalmente no livro Sentimento do mundo, de 1940. *In*: *Idem*. *Nova Reunião. 23 livros de poesia*. São Paulo: Companhia das Letras, 2015. p. 63.

9 *Idem*. Entrevista a Geir Campos, originalmente publicada na *Revista da Semana* em setembro de 1954. *In*: *Encontros Carlos Drummond de Andrade*. Organização: Larissa Pinho Alves Ribeiro. Rio de Janeiro: Azougue Editorial, 2011. p. 66.

10 *Idem*. Entrevista a Pedro Bloch, originalmente publicada na revista Manchete, em junho de 1963. *In*: *Encontros Carlos Drummond de Andrade*. Organização: Larissa Pinho Alves Ribeiro. Rio de Janeiro: Azougue Editorial, 2011. p. 81.

Ao deixar Itabira, aos 16 anos, para continuar os estudos, Drummond primeiro passou pela capital mineira (Belo Horizonte) e depois foi estudar como interno em um colégio em Nova Friburgo (estado do Rio de Janeiro), de onde foi expulso, em um episódio nunca esquecido:

> Passemos por alto pela escola primária. Registrarei apenas as lágrimas com que achei conveniente assinalar a minha entrada no internato, primeiro em Belo Horizonte, depois em Friburgo. Eu, o filho mimado da família, o caçula cheio de dengues, com uma ama particular que lá ia, o prato na mão, para me dar de comer na rua de Itabira, onde me apetecesse almoçar; eu, recolhido a um presídio, sem qualquer espécie de regalia, número entre os números inexpressivos! Lembro-me de uma anotação de diário, em Friburgo: "Hoje, às duas horas da tarde, em pleno salão de estudo, longe da minha família, passei fome". Afinal, mandaram-me embora do colégio. Comportava-me bem (talvez bem demais), conquistava prêmios nas aulas, mas os bons jesuítas descobriram em mim certa "indisciplina mental" que poderia pôr a perder aquele rebanho de puras ovelhas. A "Aurora Colegial" perdeu assim um dos seus mais assíduos colaboradores. E eu perdi a pouca confiança que tinha no sentimento de justiça dos homens.[11]

Drummond então retornou a Belo Horizonte, onde concluiu os estudos secundários. Em 1923, quando teve que decidir qual faculdade cursaria, acabou optando por Farmácia (na atual UFMG), tendo se formado em 1925.

Todavia, nem o ofício tradicional da família Andrade (com as várias gerações de fazendeiros) nem a carreira escolhida para cursar na universidade ele exerceria. O futuro lhe reservaria outras atividades: a literatura, o jornalismo e o serviço público.

1.3 Juventude

Segundo o próprio Drummond, sua vida mudou profundamente quando passou a residir em Belo Horizonte, principalmente na década de 1920, quando começou a conhecer muitos amigos, que conservou durante toda a vida. Quando já tinha idade avançada, perguntaram a Drummond se ele já havia sido boêmio. Eis a resposta:

---

[11] *Idem*. Entrevista a Martins D'Álvarez, originalmente publicada em *A Gazeta* em dezembro de 1941. *In*: *Encontros Carlos Drummond de Andrade*. Organização: Larissa Pinho Alves Ribeiro. Rio de Janeiro: Azougue Editorial, 2011. p. 25.

> Acho que sim. Tive uma mocidade livre. Passava as noites na rua praticando loucuras. Mereço o título de boêmio. No passado, né? O Pedro Nava conta nas memórias dele muitas coisas que nós fizemos. Ele conta com pseudônimo, troca os nomes, não quis criar nenhum problema. Eu disse: "Ó Nava, você deveria ter dito tudo, realmente, porque fizemos aquilo que foi possível. Nos destacamos lá como malucos, para irritar a família mineira." Não tinha esse nome, mas era tradicionalíssima. Era uma gente muito fechada. Não havia contato entre rapaz e moça. A moça estava sempre ao lado do pai ou de um irmão com bengala. Bengala era uma coisa perigosíssima, porque não era ornamento, era pra bater na gente, se, por acaso, a gente avançasse o sinal.[12]

Como sempre era visto pela imprensa e pelo público como muito reservado, nas entrevistas, sempre lhe perguntavam sobre questões que pudessem surpreender os leitores. Em uma delas, contou que, na juventude, ele e o amigo Pedro Nava chegaram a pôr fogo em uma casa em Belo Horizonte. Sobre esse episódio:

> Foi uma coisa muito idiota, muita boba da nossa parte. Num dia de estupidez, de doença mental, nós resolvemos cometer aquilo que o escritor francês André Gide chamava de ato gratuito. Resolvemos queimar uma casa, sem motivo nenhum. E logo uma casa de pessoas de quem nós gostávamos, a família Vivaqua. Quando vimos que estava pegando fogo, tocamos a campainha e avisamos a família. Saímos de lá como heróis. Mas a versão que correu à época é que havíamos feito aquele incêndio para poder ver as moças de camisola.[13]

1.4 Família

Do pai, chamado pela população local de coronel, pelo poder econômico e político que tinha na região de Itabira, Drummond puxou a rigidez e a racionalidade administrativa.

Por sua vez, sua mãe era "pura presença, a efusão e a doçura do contato". Ela "nunca deixou de ter a vida do filho Carlos na sua mão".[14] Havia, portanto, uma mistura de rigor e ternura:

---

[12] *Idem*. Entrevista a Leda Nagle, veiculada no *Jornal Hoje* em novembro de 1980. *In*: *Encontros Carlos Drummond de Andrade*. Organização: Larissa Pinho Alves Ribeiro. Rio de Janeiro: Azougue Editorial, 2011. p. 135.

[13] *Idem*. Entrevista a Humberto Werneck, originalmente publicada na revista *IstoÉ* em abril de 1985. *In*: *Encontros Carlos Drummond de Andrade*. Organização: Larissa Pinho Alves Ribeiro. Rio de Janeiro: Azougue Editorial, 2011. p. 212.

[14] CANÇADO, José Maria. *Os sapatos de Orfeu. Biografia de Carlos Drummond de Andrade*. São Paulo: Globo, 1993. p. 31.

A parte da ternura ficava com minha mãe e a de rigor, com o meu pai. E eu ficava maneirando entre a absolvição materna e o castigo paterno. Com o tempo verifiquei que a substância do carinho era a mesma, como uma combinação tácita de um castigar e o outro perdoar. A gente acabou se entendendo bem.[15]

Sobre sua mãe, Dona Julieta, falecida em 1948, Carlos Drummond de Andrade compôs este lindo poema:

Para Sempre

Por que Deus permite
que as mães vão-se embora?
Mãe não tem limite,
é tempo sem hora,
luz que não apaga
quando sopra o vento
e chuva desaba,
veludo escondido
na pele enrugada,
água pura, ar puro,
puro pensamento.
Morrer acontece
com o que é breve e passa
sem deixar vestígio.
Mãe, na sua graça,
é eternidade.
Por que Deus se lembra
– mistério profundo –
de tirá-la um dia?
Fosse eu Rei do Mundo,
baixava uma lei:
Mãe não morre nunca,
mãe ficará sempre
junto de seu filho
e ele, velho embora,
será pequenino
feito grão de milho.[16]

---

[15] *Idem*. Entrevista a Fernando Sabino, originalmente publicada no *Jornal do Brasil* em 22 de julho de 1974. *In*: *Encontros Carlos Drummond de Andrade*. Organização: Larissa Pinho Alves Ribeiro. Rio de Janeiro: Azougue Editorial, 2011. p. 206.

[16] *Idem*. Poema *Para sempre*, publicado originalmente no livro *Lição de coisas*, de 1962. *In*: *Idem*. *Nova Reunião. 23 livros de poesia*. São Paulo: Companhia das Letras, 2015. p. 352.

Apesar da relação próxima com os pais e com a esposa, Dolores, ninguém parece ter sido tão importante para Drummond quanto a filha Maria Julieta, que morreu aos 59 anos, vitimada por um câncer. "A fatalidade foi demais para Drummond, já com 84. No cemitério, ele teria dito a um amigo que sua vida tinha acabado. Doze dias depois – em 17 de agosto –, o escritor sofreu um infarto e morreu, sendo enterrado ao lado da filha no Cemitério São João Batista, em Botafogo, no Rio".[17] Ao retornar do enterro da filha, Drummond registrou em seu diário:

> Dizem que o rosto estava lindo, puro, sem rugas, juvenil. Compareceram muitos amigos e às 4 horas saímos para a longa caminhada até a sepultura, colocada em lugar elevado. Dolores não aguentou ir até o fim, apesar de insistir em caminhar. Eu fui mais além, mas também não ousei subir a escadinha final, que subia até a cova. Ziraldo arranjou um táxi que entrou num portão do cemitério, na rua General Polidoro, e nos conduziu até em casa. Assim termina a vida da pessoa que mais amei neste mundo. Fim.[18]

Além de professora de literatura e tradutora, Maria Julieta também se tornou escritora, graças ao apoio que recebia do pai, como mostra esta carta de 1950 (uma das centenas que trocaram ao longo de tantas décadas):

> Escreva, minha filha, escreva.
> Quando estiver entediada, nostálgica, desocupada, neutra, escreva.
> Escreva mesmo bobagens, palavras soltas.
> Experimente fazer versos, artigos, pensamentos soltos.
> Descreva, como exercício, o degrau da escada do seu edifício (saiu um verso sem querer).
> Escreva sempre, mesmo para não publicar. E principalmente para não publicar.
> Não tenha a preocupação de fazer obras primas; que de há muito já perdi, se é que um dia a tive.
> Mas só e simplesmente escrever, se exprimir, desenvolver um movimento interior que encontre em si próprio sua justificação.
> Isto é muito melhor do que traduzir Proust, distração que não distrai, porque é chata como toda tradução, e acaba nos desculpando muito

---

[17] Texto *Conheça a linda história entre Carlos Drummond de Andrade e a filha, Maria Julieta, publicado em 10 de agosto de 2014 no sítio eletrônico Shereland*, disponível em: https://www.shereland.com/blog/livros/acontece/drummond-e-maria-julieta. Acesso em: 12 abr. 2025.

[18] ANDRADE, Carlos Drummond de. *In*: CANÇADO. *Op. cit.*, p. 354.

fracamente perante nós mesmos de não havermos escrito por nossa conta e responsabilidade.[19]

1.5 Amigos

Um traço comum em quase todas as entrevistas que Drummond concedeu ao longo da vida foi o reconhecimento do papel que seus amigos exerceram em sua trajetória pessoal e profissional.

O poeta também nunca deixou de falar que seus amigos alegraram sua vida, chegando ao ponto de associar a felicidade à existência dos amigos. Esses amigos surgiram em sua vida nos tempos de juventude (Belo Horizonte), e tais amizades se estreitaram quando o poeta foi viver no Rio de Janeiro, onde permaneceu durante meio século. Sobre seus grandes amigos, deu o seguinte depoimento:

> Quando – aos 17 anos – me vi em Belo Horizonte, foi a alegria do reconhecimento: lá estavam "à espera" meus melhores amigos, jovens que vim conhecer pouco a pouco e que influíram profundamente em minha vida: Milton Campos, Capanema, Abgar Renaut, Pedro Nava, Mário Casassanta, Emílio Moura, Alberto Campos (que me deu o primeiro emprego jornalístico e morreu moço), mais tarde Cyro dos Anjos, Martins de Almeida, Guilhermino César. Ter encontrado esse pessoal foi uma felicidade para mim. Eram todos estudantes, quase todos poetas, tinham boas leituras e um espírito crítico que não afagava ilusões vaidosas. Devo muito a todos eles. O meio intelectual, por assim dizer, oficial da capital mineira nunca me interessou. Eu fazia parte da "roda" da Livraria Francisco Alves e do Café Estrela e, com isto, fui buscando meus meios de expressão, canhestramente, é certo, mas com teimosia e ansiedade. (...) Tive duas amizades fundamentais: Manoel Bandeira e Mário de Andrade. Ambos foram amigos francos, que me estimulavam e criticavam, cada um a seu modo (...) Conheci Bandeira em casa de Afonso Arinos: ele cultivava um pouco a doença para se livros dos "chatos". Era muito organizado, tinha um esquema de horas rígidas. Quanto a Mário, tinha mais tempo, dedicava-se mais às pessoas. Mantive com ele uma correspondência que durou até dois dias de sua morte.[20]

---

[19] *Idem*. Carta a Maria Julieta, de 7 de fevereiro de 1950.

[20] *Idem*. Entrevista a Bella Josef, originalmente publicada no jornal *O Globo* de 1982. *In*: *Encontros Carlos Drummond de Andrade*. Organização: Larissa Pinho Alves Ribeiro. Rio de Janeiro: Azougue Editorial, 2011. p. 151.

1.6 Alegrias e felicidade

Com grande frequência, as pessoas queriam ouvir conselhos de Drummond, saber se ele era feliz, quais eram seus hábitos. "Poeta, explique uma coisa: você não era muito chegado à noite de autógrafos. Agora, fez duas em menos de um ano..."

> É que gosto de mostrar, às vezes, que não sou tão bicho do mato, porque tenho ainda alguns reflexos humanos. Então, de vez em quando, eu acho bom comparecer na praça. Viver em um momento de alegria em companhia de amigos, de leitores e, principalmente, de minha filha, que é uma grande amizade que tenho há muitos anos.[21]

Certa vez, perguntaram ao poeta como ele conseguia conciliar a felicidade individual com sua culpa social por causa de um mundo injusto. Eis a resposta:

> Felicidade pessoal é exagero. Prefiro serenidade pessoal, marcada por alguns relâmpagos, porque de vez em quando perco a paciência. Não me cabendo ser um ator ativo no espetáculo do mundo, sendo apenas mais um observador, me limito a dizer alguma coisa do que penso, do que sinto, com a convicção de que isso não vai adiantar nada. Nunca entendi bem o mundo, acho o mundo um teatro de injustiças e de ferocidades extraordinárias.[22]

Em outra ocasião, em 1980, durante uma entrevista, perguntaram ao mineiro: "Você se sente feliz?". Drummond respondeu:

> É uma pergunta tão grave. Como vou lhe dizer se estou feliz? Estou vivendo. Não estou de mal comigo e não estou de mal com a vida. Então, acho que é o bastante. Tenho amigos, pessoas que gostam de mim. Isso pra mim é muito bom. Pessoas generosas, bondosas para comigo. Como vou achar ruim a vida, né?[23]

---

[21] *Idem*. Entrevista a Leda Nagle, veiculada no *Jornal Hoje* em novembro de 1980. *In*: *Encontros Carlos Drummond de Andrade*. Organização: Larissa Pinho Alves Ribeiro. Rio de Janeiro: Azougue Editorial, 2011. p. 124.

[22] *Idem*. Entrevista a Zuenir Ventura, originalmente publicada na revista *Veja* em 19 de novembro de 1980. *In*: *Encontros Carlos Drummond de Andrade*. Organização: Larissa Pinho Alves Ribeiro. Rio de Janeiro: Azougue Editorial, 2011. p. 115.

[23] *Idem*. Entrevista a Leda Nagle, veiculada no *Jornal Hoje* em novembro de 1980. *In*: *Encontros Carlos Drummond de Andrade*. Organização: Larissa Pinho Alves Ribeiro. Rio de Janeiro: Azougue Editorial, 2011. p. 136.

Coerente, Drummond sempre associou a felicidade à existência de amigos, como em entrevista concedida à filha Maria Julieta, em 1984. Ela perguntou: "Lembro-me de que um dia você me disse que se considerava um homem feliz. Isso continua sendo verdade?". O poeta deu seu depoimento:

> Não fui feliz, nem infeliz, porque a felicidade é um estado transitório e os momentos de plenitude são seguidos de uma dor de barriga, uma dor de dente, a conta para pagar. Não fiz força para viver, a minha vida se construiu ao sabor do acaso, quase à minha revelia, sem um projeto arquitetônico, sem estudos. Mas tive a sorte de rodear-me de amigos excelentes, que me ajudaram, incentivaram e me salvaram do desânimo. Nesse sentido, posso dizer que sou um homem feliz.[24]

Eis o poema de Drummond sobre a amizade (e os diversos tipos de amigos que teve ao longo da vida):

> Poema *Convite triste*
>
> Meu amigo, vamos sofrer,
> vamos beber, vamos ler jornal,
> vamos dizer que a vida é ruim,
> meu amigo, vamos sofrer.
>
> Vamos fazer um poema
> ou qualquer outra besteira.
> Fitar por exemplo uma estrela
> por muito tempo, muito tempo
> e dar um suspiro fundo
> ou qualquer outra besteira.
>
> Vamos beber uísque, vamos
> beber cerveja preta e barata,
> beber, gritar e morrer,
> ou, quem sabe? beber apenas.
>
> Vamos xingar a mulher,
> que está envenenando a vida

[24] *Idem*. Entrevista a Maria Julieta Drummond de Andrade, originalmente publicada no jornal *O Globo* em janeiro de 1984. *In*: *Encontros Carlos Drummond de Andrade*. Organização: Larissa Pinho Alves Ribeiro. Rio de Janeiro: Azougue Editorial, 2011. p. 170.

com seus olhos e suas mãos
e o corpo que tem dois seios
e tem um embigo também.
Meu amigo, vamos xingar
o corpo e tudo que é dele
e que nunca será alma.

Meu amigo, vamos cantar,
vamos chorar de mansinho
e ouvir muita vitrola,
depois embriagados vamos
beber mais outros sequestros
(o olhar obsceno e a mão idiota)
depois vomitar e cair
e dormir.[25]

1.7 Música

Alguns poemas de Drummond foram musicados, como *E agora, José?*, gravado por Paulo Diniz em 1974; *Canção amiga*, por Milton Nascimento em 1978; e *Quadrilha*, que inspirou Chico Buarque a compor *Flor da idade*, em 1975. Não se pode deixar de lembrar que, em 2004, Belchior gravou um disco ("As várias caras de Drummond"), musicando 31 poemas drummondianos.

Mas Drummond apreciava música? Ao ser questionado sobre o que mais gostava na música popular, o poeta apresentou seus cantores favoritos:

> Gosto do Martinho da Vila, que até me deu a honra de chamar um disco de *A rosa do povo* e fez um samba de um poema meu, "Sonho de um Sonho". Gostei do Noel, de Caetano, de Gilberto Gil. E também do Tom Jobim, É difícil dizer assim de cabeça, mas tem muita gente boa. Gosto de Chico Buarque, nem é preciso dizer, com quem me sinto muito identificado.[26]

---

[25] *Idem*. Poema *Convite triste*, presente orginalmente no livro Brejo das almas (1934). *In*: *Idem*. *Nova Reunião. 23 livros de poesia*. São Paulo: Companhia das Letras, 2015. p. 54.

[26] *Idem*. Entrevista a Zuenir Ventura, originalmente publicada na revista *Veja* em 19 de novembro de 1980. *In*: *Encontros Carlos Drummond de Andrade*. Organização: Larissa Pinho Alves Ribeiro. Rio de Janeiro: Azougue Editorial, 2011. p. 114.

1.8 Amor e vida amorosa

Mesmo casado com Dolores Dutra de Morais por mais de sessenta anos (1925-1987), Drummond tinha a fama de ser namorador, tendo mantido um longo relacionamento com a bibliotecária Lygia Fernandes, muitos anos mais jovem, com quem trabalhava no Instituto do Patrimônio Histórico e Artístico Nacional (Iphan). Drummond escreveu o poema *Campo de flores* para sua amada, em 1951:

Deus me deu um amor no tempo de madureza,
quando os frutos ou não são colhidos ou sabem a verme.
Deus – ou foi talvez o Diabo – deu-me este amor maduro,
e a um e outro agradeço, pois que tenho um amor.

Pois que tenho um amor, volto aos mitos pretéritos
e outros acrescento aos que amor já criou.
Eis que eu mesmo me torno o mito mais radioso
e talhado em penumbra sou e não sou, mas sou.

Mas sou cada vez mais, eu que não me sabia
e cansado de mim julgava que era o mundo
um vácuo atormentado, um sistema de erros.

Amanhecem de novo as antigas manhãs
que não vivi jamais, pois jamais me sorriram.
Mas me sorriam sempre atrás de tua sombra
imensa e contraída como letra no muro
e só hoje presente.

Deus me deu um amor porque o mereci.
De tantos que já tive ou tiveram em mim,
o sumo se espremeu para fazer vinho
ou foi sangue, talvez, que se armou em coágulo.

E o tempo que levou uma rosa indecisa
a tirar sua cor dessas chamas extintas
era o tempo mais justo. Era tempo de terra.
Onde não há jardim, as flores nascem de um
secreto investimento em formas improváveis.

Hoje tenho um amor e me faço espaçoso
para arrecadar as alfaias de muitos
amantes desgovernados, no mundo, ou triunfantes,
e ao vê-los amorosos e transidos em torno,
o sagrado terror converto em jubilação.

Seu grão de angústia amor já me oferece
na mão esquerda. Enquanto a outra acaricia
os cabelos e a voz e o passado e a arquitetura
e o mistério que além faz os seres preciosos
à visão extasiada.

Mas, porque me tocou um amor crepuscular,
há que amar diferente. De uma grave paciência
ladrilhar minhas mãos. E talvez a ironia
tenha dilacerado a melhor doação.

Há que amar e calar.
Para fora do tempo arrasto meus despojos
e estou vivo na luz que baixa e me confunde.[27]

Em entrevista concedida em 1980, o repórter tocou no assunto: "Falando de amores, Oscar Niemeyer diz que o senhor foi um grande namorador no Rio". O poeta mineiramente desconversou:

> O Oscar, além de inventar formas originais em arquitetura, inventa histórias. Estou sabendo disso pela primeira vez. Era um título até bastante simpático, mas não pude merecê-lo porque, nos anos mais floridos no Rio, eu era um burocrata metido até o pescoço no papel. De modo que nunca fui visto exercendo poderes tão sedutores. O Oscar está imaginando. Quem sabe eu não posso devolver a ele esse título?[28]

Sobre a presença do amor da obra literária de Drummond, este falou sobre o assunto ao responder à seguinte questão: "O senhor, nos últimos livros, tem falado obsessivamente do amor. O que antes parecia diluído em sua poesia é agora tema preferencial". O poeta comentou:

---

[27] *Idem*. Poema *Campo de flores*, presente orginalmente no livro *Claro enigma* (1951). *In*: *Idem*. *Nova Reunião. 23 livros de poesia*. São Paulo: Companhia das Letras, 2015. p. 238.

[28] *Idem*. Entrevista a Zuenir Ventura, originalmente publicada na revista *Veja* em 19 de novembro de 1980. *In*: *Encontros Carlos Drummond de Andrade*. Organização: Larissa Pinho Alves Ribeiro. Rio de Janeiro: Azougue Editorial, 2011. p. 118.

> Você tem razão. O amadurecimento faz com que a gente medite sobre os valores da vida humana, os valores fundamentais. Vinícius de Moraes me ensinou, se é que já não sabia antes, que esses valores não são o dinheiro, nem o poder, nem o brilho social. O valor transcendental da vida humana é o amor. O amor ao próximo, o amor pessoal, por uma mulher, o amor à família, o amor à terra natal – esses tipos diferentes de amor, que são no fundo, um só. Eu acho que o fato de ter chegado a essa idade me deu uma abertura maior para a compreensão, para o sentimento, para a vivência poética da ideia de amor.

Ainda nessa entrevista, de 1980, o repórter quer saber mais sobre outro tipo de amor: "Mas o senhor tem escrito também sobre o amor carnal". Drummond comenta:

> Não muito. Eu tenho escrito pouco, porque o tema é mais delicado, e, a meu ver, não há no Brasil ainda um clima bastante definitivo para que se aceitem as verdades do amor físico com espírito elevado de compreensão. Nós estamos vivendo uma fase de pornografia. É uma fase muito pouco agradável, porque os jornais alternativos, o cinema pornô e a linguagem popular estão sofrendo uma queda muito grande de qualidade. Nesse clima, eu acho que falar em amor físico, em amor carnal, pode dar margem a uma interpretação equivocada. E eu jamais me consideraria um poeta pornô.[29]

1.9 Jornalismo

Se as pessoas viam em Drummond um poeta, este se via como jornalista. Ele considerava essa atividade a mais importante de sua trajetória profissional e chegou a publicar mais de 6 mil textos.[30]

Certa vez, indagaram: "O senhor foi jornalista durante longos anos. O que essa experiência significou em sua vida?":

> Eu tenho duas experiências fundamentais na minha vida: a de jornalista e a de funcionário público. Das duas eu digo a você com sinceridade: prefiro a de jornalista. Fui jornalista de banca lá em Belo Horizonte, nos anos de 1920, redator chefe do Diário de Minas. E eu sentia aquela

[29] *Idem*. Entrevista a Humberto Werneck, originalmente publicada na revista *IstoÉ* em abril de 1985. *In*: *Encontros Carlos Drummond de Andrade*. Organização: Larissa Pinho Alves Ribeiro. Rio de Janeiro: Azougue Editorial, 2011. p. 206.

[30] ESMARALDO, Moema de Souza. Arquivo(s) e circulação da coluna "imagens": crônicas de Carlos Drummond de Andrade publicadas no jornal "Correio da Manhã". *Linguística, Letras e Artes*, v. 27, ed. 121, 10 abr. 2023. Disponível em: https://revistaft.com.br/arquivos-e-circulacao-da-coluna-imagens-cronicas-de-carlos-drummond-de-andrade-publicadas-no-jornal-correio-da-manha. Acesso em: 12 abr. 2025.

> vibração, ficava até altas horas da noite fazendo jornal. Aquilo era uma emoção muito grande. Trabalhava com grandes amigos, como meu velho companheiro Afonso Arinos, que ainda hoje se queixa de mim. Como ele estava acostumado a doce vida, não queria trabalhar muito, e então se queixava de que o oprimia...

Em outra entrevista, o repórter quis saber: "Há dois anos o senhor deixou de escrever crônicas nos jornais. Não lhe faz falta esse canal direto, imediato, com o leitor?". Drummond confessa:

> Eu sinto saudade. Agora, falta, realmente, não sinto não, porque eu terminei de escrever espontaneamente, quando senti que já havia realizado tudo aquilo que eu podia realizar em um trabalho jornalístico. Então, para me dar essa folgazinha, essa vadiação durante três manhãs por semana, eu deixei de escrever. Mas sinto saudade. Durante anos tive uma espécie de ligação com o leitor, principalmente com as mulheres. Não são namoradas, não – senhoras, pessoas até idosas, que gostavam de ler aquilo e me animavam, me telefonavam, me escreviam... Eu imagino sempre meu leitor na hora do café, entre sete e oito horas da manhã, passando manteiga na torrada ou no pão, tomando a xícara de leite ou de chá, e lendo a crônica e rindo, sorrindo. Eu já vi mais de uma vez no ônibus a pessoa sorrindo, lendo uma crônica minha no jornal. Ela não me conhecia, eu sentado assim do lado, o coração apertado, pensando – o que é que ela vai fazer? Se ela ler o título e a minha assinatura e virar logo a folha, eu vou ficar muito infeliz, até vai me dar vontade de ir embora. Mas não, ela parou e leu, de vez em quando deu um sorriso. Isto, a meu ver, é a maior recompensa que o cronista pode ter.[31]

1.10 Obra

Carlos Drummond de Andrade recebeu o devido reconhecimento ainda em vida. "Sem falsa modéstia: o senhor não tem realmente consciência da dimensão de sua obra?":

> Acho minha obra uma obra falha, uma obra que podia ser melhor. Ela não teve um desenvolvimento assim consciente, lógico. Fui levado pela intuição e pelo instinto, pelas emoções do momento. Não creio muito na validade dessa obra. Acho o seguinte: como sou um homem do meu tempo, exprimi paixões e emoções do meu tempo, e isso naturalmente tocou as pessoas. Não vou dizer que, para mim, não é agradável.

---

[31] ANDRADE, Carlos Drummond de. Entrevista a Humberto Werneck, originalmente publicada na revista *IstoÉ* em abril de 1985. *In*: *Encontros Carlos Drummond de Andrade*. Organização: Larissa Pinho Alves Ribeiro. Rio de Janeiro: Azougue Editorial, 2011. p. 207.

> É realmente agradável quando uma pessoa me escreve no interior do Brasil, de uma cidade qualquer, para dizer que se comoveu com uma coisa que eu fiz. Isso vale mais do que o elogio técnico de uma especialista em literatura. Ao escrever poesia, o que procurei fazer foi resolver os problemas internos meus, problemas de ascendência, problemas genéticos, problemas de natureza psicológica, de inadaptação ao mundo, como ele existia. Foi a minha autoterapia. O resultado é esse. Não tenho maiores pretensões. As modas mudam muito. Daqui a cinco ou dez anos, terei desaparecido e virão novos poetas, novas formas de poesia, novos critérios, novas tendências. Amanhã ou depois, daqui a cinquenta anos, um sujeito diz; "Olha, descobrimos um poeta chamado Drummond, que tinha uma pedra no meio do caminho. Que coisa curiosa". Ou "Que coisa chata".

Na mesma entrevista, perguntaram: "Quer dizer que o 'anjo torto' tinha razão: o senhor foi um *gauche* na vida?".

> Acho que fui. Porque não aderi ao sistema de valores que dominava na minha época, participei timidamente de um movimento de renovação literária, que não chegou a ser política, nem social, nem econômica. Fiquei na minha toca. Não tenho nada de especial, não. Foi uma vida medíocre. Me deu o prazer de algumas amizades, algumas coisas boas. Eu fui um homem qualquer. Mais nada.[32]

1.11 Crítica

Ao ser indagado sobre como lidava com a crítica, Drummond teceu os seguintes comentários:

> A crítica é boa, porque impede que você fique muito vaidoso, muito metido a sebo. Na mocidade, passei por um pedaço bem duro. O pessoal era todo contra mim. Achava que eu fazia versos malucos, como aquele da pedra no meio do caminho. Por isso dizem que eu era doido, débil mental. Havia também o poema pornográfico. Aí diziam: "Como pode um homem que dá esse conselho – 'sejamos pornográficos' – trabalhar no Ministério da Educação?". Que atendia as partes, despachava os processos, atendia ao telefone. Eu procurava trabalhar normalmente, sem nada de especial. Aí falavam: "Olha, eu achava que o senhor fosse lelé da cuca, matusquela, doidinho".[33]

---

[32] *Idem*. Entrevista a Zuenir Ventura, originalmente publicada na revista *Veja* em 19 de novembro de 1980. *In*: *Encontros Carlos Drummond de Andrade*. Organização: Larissa Pinho Alves Ribeiro. Rio de Janeiro: Azougue Editorial, 2011. p. 120.

[33] *Idem*. Entrevista a Leda Nagle, veiculada no Jornal *Hoje* em novembro de 1980. *In*: *Encontros Carlos Drummond de Andrade*. Organização: Larissa Pinho Alves Ribeiro. Rio de Janeiro: Azougue Editorial, 2011. p. 127.

1.12 O maior poeta brasileiro?

A jornalista Leda Nagle perguntou a Drummond, em 1980: "Você é considerado o poeta maior. E quem são os novos poetas hoje? Os compositores populares?".

> Eu protesto contra essa designação de poeta maior. Isso não tem sentido. As pessoas são poetas. Às vezes se esforçam por serem poetas. E mesmo os bons poetas deixam de sê-lo, esquecem e fazem coisas tão vulgares, tão banais, se repetem. Acho que não há essa medida do poeta, não. Agora, quanto aos novos, é difícil dizer quais são os que se destacam, porque há realmente uma explosão de poesia no Brasil. Desde os livros impressos, que as editoras se interessam em publicar poesia, como até essa publicação, quase clandestina, de rapazes que fazem isso no mimeógrafo e saem vendendo pelas ruas. É uma atividade poética muito intensa e da qual deverá surgir alguma coisa boa. Espero que sim. Quanto aos compositores, é um pouco diferente. Suas contribuições são muito ponderáveis e até mais importantes que a de poetas eruditos. Exemplo disso é Vinícius de Moraes, que conseguiu ser as duas coisas e acabou preferindo essa vertente popular. Nela, Vinícius pôde se manifestar melhor e sensibilizar milhões de pessoas que não tinham acesso aos livros. Eu acho isso importante. Realmente é uma força muito ponderável na cultura brasileira.[34]

O ano era 1985, e indagaram a Drummond: "O senhor esperava ser um *best-seller* aos 82 anos?". Ele logo retrucou: "*Best-seller* é relativo".[35]

Já em 1987, perguntaram: "O fato de ser considerado unanimemente o maior poeta brasileiro não é um acontecimento importante na vida do senhor?". Drummond manteve a coerência ao falar do assunto:

> Em primeiro lugar, não é unanimemente. Diariamente... Não digo diariamente, mas, frequentemente, saem artigos fazendo restrições a mim e achando que sou um poeta decadente. Já dei minha mensagem, hoje não tenho mais nada a dizer. Há outros que não gostam mesmo da mensagem que eu teria manifestado. Nunca pretendi manifestar mensagem nenhuma. Eu procurei é dizer os meus versos transmitindo a emoção que eu sentia no momento. Assim, não é unânime. Em segundo

---

[34] *Ibidem*, p. 125.

[35] *Idem*. Entrevista a Humberto Werneck, originalmente publicada na revista *IstoÉ* em abril de 1985. *In*: *Encontros Carlos Drummond de Andrade*. Organização: Larissa Pinho Alves Ribeiro. Rio de Janeiro: Azougue Editorial, 2011. p. 209.

> lugar, a maioria das pessoas que me consideram o maior poeta brasileiro não leu o que escrevi! Ouviram falar. Como acham que fulano de tal é o maior craque de futebol, o outro fulano é o maior compositor, o outro é maior pintor, eu fiquei sendo o maior poeta por um julgamento que não é um julgamento literário: é uma opinião transmitida socialmente, mas sem nenhuma ponderação crítica. Nunca me julguei nem julgo, e digo mais: não sei qual é o maior poeta brasileiro de hoje nem de outrem. Para mim, não há maiores poetas. Há poetas. E cada poeta é diferente dos outros.[36]

1.13 Prosa e poesia

Drummond é um amplamente conhecido por seus versos, que representam, para muitos críticos e para grande parte do público, o ápice do lirismo poético no Brasil. Todavia, durante toda a vida, dedicou-se ao ofício de jornalista (da década de 1920 à de 1980), o que lhe fez escrever milhares de textos em prosa, no gênero das crônicas.

Sobre essa questão, perguntaram a Drummond: "Você diria, então, que o que tem a dizer está dito na sua crônica, no seu poema?". Ele respondeu:

> É, até nos poemas eu digo, não é? Quando eu quero protestar contra a inundação, contra a destruição de Sete Quedas, me parece mais adequado para a circunstância, dado a natureza do caso, eu exprimir em verso e não prosa. A destruição do rio São Francisco, que devido ao desmatamento vai baixando de nível, também eu fiz em verso. São circunstâncias em que me parece que a poesia pode ser aproveitada: ela tem um certo dom de vibração, de comunicação intensa, pela emoção, que, às vezes, a prosa não pode transmitir. Então, realmente, eu nunca recusei a dar opinião. Agora, se me pedem opinião personalista, expressando o que eu acho de fulano, me desagrada, porque eu sou obrigado a dizer, às vezes, que eu não penso bem de uma pessoa. Mas por que motivo eu vou magoar alguém? Eu não gostaria que uma pessoa dissesse isto de mim. Acho que o personalismo deve ser evitado. Deve-se criticar a pessoa pelo que ela representa, pelas ideias...[37]

---

[36] *Idem*. Entrevista a Geneton Moraes Neto, originalmente publicada no Jornal do Brasil em 1987. *In*: *Encontros Carlos Drummond de Andrade*. Organização: Larissa Pinho Alves Ribeiro. Rio de Janeiro: Azougue Editorial, 2011. p. 218.

[37] *Idem*. Entrevista a Gilberto Mansur, originalmente publicada na revista *Status* em julho de 1984. *In*: *Encontros Carlos Drummond de Andrade*. Organização: Larissa Pinho Alves Ribeiro. Rio de Janeiro: Azougue Editorial, 2011. p. 190.

1.14 Poesia social

A poesia de Drummond pode ser dividida quatro fases: a fase *gauche*, que compreende seus livros de estreia; a fase social, que diz respeito a um período de maior militância política do poeta; a fase filosófica, também conhecida como "fase do não", graças aos poemas em tom desiludido; e a fase memorialista, quando o poeta dedicou livros inteiros aos temas mineiros e itabiranos.

Indagado sobre "Qual foi a sua fase poética mais produtiva?", o poeta respondeu:

> A social, quando eu me achava muito imbuído de ideais políticos e queria dar a minha contribuição através da poesia. Mas a tentativa me frustrou: um começo de militância política no jornalismo, sem compromisso formal com o comunismo, me decepcionou tão profundamente que eu não quis mais saber daquilo. Reflui então para uma poesia mais subjetiva, algo metafísico.[38]

1.15 Papel da literatura, artes e ciência

Ao ser questionado se a literatura, as artes e a ciência devem ficar indiferentes aos problemas sociais, Drummond respondeu:

> Certamente que não. Entretanto, vemos em toda parte escritores, artistas e cientistas que fingem ignorar esses problemas. Na realidade, eles não os ignoram, a menos que sejam inteiramente destituídos da capacidade de observar, de sentir e de refletir e nesse caso não cientistas, nem artistas, nem escritores, mas autônomos dignos de lástima. A ignorância simulada, tão frequente, nada mais é que interesse na permanência dos problemas no estado em que se acham colocados. É uma atitude feita de comodidade e intransigência, em partes iguais. O intelectual que assim procede é um intelectual que se demite. Ele prefere ser conduzido, e adormecer ao embalo da condução. Já o intelectual vivo, que tem consciência do seu papel no composto social, estará sempre atento à nova disposição dos problemas, interessado em aprofundá-los e de algum modo contribuir para resolvê-los. Exemplos de intelectual com vida pública intensa e apaixonada, de intelectual "participante",

[38] *Idem*. Entrevista a Maria Julieta Drummond de Andrade, originalmente publicada no jornal *O Globo* em janeiro de 1984. *In*: *Encontros Carlos Drummond de Andrade*. Organização: Larissa Pinho Alves Ribeiro. Rio de Janeiro: Azougue Editorial, 2011. p. 169.

> há inúmeros, e servem para consolar-nos da traição ou do faquirismo dos outros.[39]

1.16 Um otimista pessimista?

O poeta mineiro se considerava otimista ou pessimista? Em entrevista, esta questão veio à tona: "Você é otimista?". A resposta é complexa:

> Sou inteiramente otimista. Sem deixar de ser pessimista com relação à vida. Uma vida que se passa no meio de bombas nucleares e outras bombas menores, eu acho que não é, realmente, uma coisa muito alegre. Mas a gente vai fazer o possível para viver bem, viver em harmonia, em praz com os outros. E acho que a poesia preenche essa finalidade. A poesia faz bem. Ela cria certo contato, certa conveniência com as pessoas. Desde o namorado para a namorada, como desde o amigo para o inimigo, para a pessoa que recebe uma mensagem fraterna, e, talvez, se torne menos inimigo.[40]

1.17 Ditaduras Vargas e militar

Em 1984, questionaram Drummond sobre a diferença entre a ditadura de Vargas e a ditadura militar instalada em 1964. Ele respondeu:

> Há uma diferença de estilo que me parece grande. No tocante à ditadura de Getúlio, o que eu posso afirmar, do ângulo em que eu me coloquei, é que Getúlio tinha uma tendência absorvente, extremamente concentradora, de olhar pessoalmente todos os papéis que se podia imaginar. Então, um pobre diabo de um porteiro, de um servente, era nomeado, exonerado e aposentado por um decreto do presidente da República que o ministro apenas referendava. Parece que ele tinha a volúpia do papel: passava horas, à noite, assinando o expediente. As pastas que o meu ministro levava, por exemplo, eram enormes, cheias de papéis que, a meu ver, não precisavam ir até o presidente. Havia uma centralização absoluta e essa atitude de Getúlio, muito burocratizante – que não impedia a ele ser um político muito ativo –, me parece que fazia com que

---

39 *Idem*. Entrevista a Jorge Lacerda, originalmente publicada em *A massa* em março de 1943. *In*: *Encontros Carlos Drummond de Andrade*. Organização: Larissa Pinho Alves Ribeiro. Rio de Janeiro: Azougue Editorial, 2011. p. 54.

40 *Idem*. Entrevista a Leda Nagle, veiculada no *Jornal Hoje* em novembro de 1980. *In*: *Encontros Carlos Drummond de Andrade*. Organização: Larissa Pinho Alves Ribeiro. Rio de Janeiro: Azougue Editorial, 2011. p. 126.

ele se desinteressasse um pouco do que ia pelos ministérios: desde que os papéis chegassem às mãos dele, estava tudo bem.

O repórter insiste e formula nova pergunta: "Mas e as diferenças, poeta?". Drummond então acrescenta:

> Eu não sou analista político, sou apenas um observador. A diferença que me parece existir, em primeiro lugar, é a seguinte: a ditadura de 1937 a 1945 foi uma ditadura individualista: os poderes estavam concentrados nas mãos do ditador, que tinha certa tendência benigna, mas tolerava também muito abuso, muito absurdo. De qualquer modo, as forças militares, as forças políticas que o cercavam obedeciam ao comando dele. Então, a gente sabia que o responsável era ele. Ele ditava o seu estilo, a sua maneira, o seu modo de se comunicar com as massas. A segunda ditadura, essa de 1964 para cá, é completamente diferente. Em primeiro lugar, o ditador não manda. O ditador é mandado por forças que o cercam, que escolheram esse ditador e que escolheram os seus substitutos. Na realidade, estamos vendo agora o drama moral do presidente João Figueiredo, que prometeu fazer deste país uma democracia. É talvez uma promessa um tanto simplista, porque um homem não faz uma democracia: um governo não faz uma democracia. Democracia é um sistema político sedimentado por uma cultura política, por uma evolução social, baseada na boa educação, baseada na saúde...Não é boa educação no sentido de maneiras, mas no sentido de um preparo educacional correto. Então, essas coisas formam uma opinião pública, essa opinião pública forma os partidos e esses partidos formam a democracia. Isso é que eu entendo.[41]

1.18 Ideologia política

Durante toda a vida, Drummond teve pensamentos mais ligados às ideias hoje em dia consideradas progressistas (justiça social) e, portanto, mais associadas à esquerda. Todavia, embora tivesse flertado com o comunismo, logo ficou desencantado com a política partidária. Ainda assim, chegou a afirmar, em 1984:

> O partido socialista eu acho que é uma pedida não só para o Brasil, mas para o mundo inteiro. As contradições do capitalismo são de tal natureza que, creia, cada vez mais se acentua isso: um grupo muito pequeno de

[41] *Idem*. Entrevista a Gilberto Mansur, originalmente publicada na revista *Status* em julho de 1984. *In*: *Encontros Carlos Drummond de Andrade*. Organização: Larissa Pinho Alves Ribeiro. Rio de Janeiro: Azougue Editorial, 2011. p. 178.

> privilegiados e uma massa enorme de desgraçados e abandonados que não têm condições de viver.[42]

Nesse mesmo ano de 1984 (ou seja, ainda durante a ditadura militar), foi perguntado sobre qual era sua posição política. Ele não titubeou:

> Eu me considerei um homem simpatizante da esquerda, porque minhas ideias evoluíam para isso. Quando criança, sem ter nenhuma informação correta sobre o correr das coisas, eu simpatizava muito com o anarquismo: achava a anarquia um sistema ideal, porque prescindia da autoridade, prescindia de comando, havia um entendimento geral. Um pouco, mais ou menos, a utopia comunista, no sentido de extinção de classes. É uma utopia, porque nós vemos que até hoje as classes não se extinguiram na União Soviética. Existe até uma nova classe que não existia antes, no regime czarista de opressão. Mas eu vivi aqueles tempos de namoro geral da inteligência brasileira com a esquerda. E tive um namoro com o comunismo. Eu achava que o Partido Comunista, que estava na ilegalidade, que era combatido das maneiras mais torpes – até com perseguição e morte –, trazia uma mensagem, uma novidade. Quando tive contato direto com eles, perdi completamente a ilusão.

A entrevista continua. "E se arrependeu?", perguntou o repórter. Drummond respondeu:

> Eu já tinha escrito a minha obra social, a qual não repudio. Apenas declaro que não tenho mais as ilusões partidárias que tinhas. Mas as minhas ideias são as mesmas. Sou apenas um homem desencantado com a ação política.[43]

1.19 Tecnologia

Para quem lembra da imagem de Drummond como um velhinho e para quem pensa que somente nos últimos anos as pessoas passaram a falar em tecnologia, seguem algumas opiniões do poeta sobre o tema:

> A tecnologia não serviu ao país, ou não serviu ao mundo, para melhorar a sorte do homem. Pelo contrário, a tecnologia separou mais, porque há pessoas que dispõem de recursos para gozar de todos os benefícios

---

[42] *Ibidem*, p. 184.

[43] *Ibidem*, p. 200.

da tecnologia e há aquelas que estão cada vez mais desamparadas.[44] Dizer que nós evoluímos desde o homem das cavernas é um pouco de exagero, porque criamos, com a tecnologia, aparelhos mais sofisticados para a felicidade do mundo e esses aparelhos estão sendo utilizados para a sua destruição. Isso não é civilização, francamente. É uma porcaria.[45] Torna-se imperativo substituir pessoas, com suas verrugas, virtudes e vícios, por notações codificadas, que caibam no mínimo de espaço e permitam o máximo de controle sobre a existência outrora individual, já sem direito a este adjetivo, quando os seres pensantes e sentintes chegarem à condição desejável de signos insignificantes, computados eletronicamente. E que será de nossas alegrias personais, como de nossas tristezas muito nossas, se ainda as tivermos, uma vez despojados de prenome e sobrenome, que nos davam consciência de ser um exemplar diferenciado entre milhões, com a prerrogativa de ter reações e atitudes próprias? Como se fará o amor entre números? Que expressão terá o aniversário, a doença de um número? Como é que um número morre?[46]

1.20 Opiniões sobre Minas Gerais

Depois de ter afirmado que a crítica já chegou a considerá-lo "doidinho", a jornalista Leda Nagle provocou: "Em Minas tem tanto doidinho...". Drummond então teceu o seguinte comentário:

> Minas é uma terra de doidos. Mas doidos que convivem muito bem com o juízo, eu acho. Minas Gerais é um paraíso ideal dos loucos, porque eles são bem tratados lá. O louco do interior de Minas é um louco bem-tratado. Eu faço parte dessa sociedade. É perigoso quando o louco chega ao poder, quando é eleito governador, ministro, Presidente da República, então, é um caso sério. Nós já tivemos exemplo disso, não é?[47]

Na mesma entrevista, Nagle afirma, para logo em seguida indagar: "Você conserva esse mineirismo, gosta de ter nascido em Minas?". O poeta responde:

---

[44] *Ibidem*, p. 184.

[45] *Idem*. Entrevista a Zuenir Ventura, originalmente publicada na revista *Veja* em 19 de novembro de 1980. *In*: *Encontros Carlos Drummond de Andrade*. Organização: Larissa Pinho Alves Ribeiro. Rio de Janeiro: Azougue Editorial, 2011. p. 115.

[46] *Idem*. Crônica *Um homem, um número*, de 19 de janeiro de 1971.

[47] *Idem*. Entrevista a Leda Nagle, veiculada no Jornal *Hoje* em novembro de 1980. *In*: *Encontros Carlos Drummond de Andrade*. Organização: Larissa Pinho Alves Ribeiro. Rio de Janeiro: Azougue Editorial, 2011. p. 127.

> Acho um pouco de exagero esse negócio de que mineiro é diferente dos outros. Outro dia, o Ziraldo contou uma história muito engraçada de dois mineiros que estavam sentados à beira da estrada, pitando um cigarrinho de palha, e, de repente, passou assim um elefante voando. Aquele barulho todo. Então os mineiros olharam, olharam e não disseram nada. Continuaram imaginando coisas. Passou outro elefante voando. Um terceiro, um quarto. Quando passaram muitos elefantes voando, um dos mineiros levantou-se e falou para o outro: "Ó compadre, só tem uma explicação para isso. É o ninho deles deve ser aqui por perto". Como diz o Ziraldo, o que o mineiro quer é a explicação das coisas. O fato em si não tem importância alguma. Fernando Sabino também conta a história da venda à beira da estrada. O sujeito perguntou: "Seu café é bom?" O dono da venda respondeu: "Não têm falado mal dele não, senhor". Essas coisas dão certo sabor ao temperamento mineiro, mas, na realidade, o mineiro é uma pessoa como qualquer outra. Não tem nenhuma diferença. Ama, sofre, tem dor de barriga, paga imposto, reclama contra o imposto exagerado, acha umas coisas ruins e outras boas. Mas, quando precisa, tem aí um Tiradentizinho para ser sacrificado. Ele é muito comemorado por todos os governos, e não é de hoje. Vão lá em Ouro Preto, onde está a estátua dele, e dizem que ele foi um herói. Agora, se ele estivesse vivo, eu queria ver o que eles fariam com Tiradentes. Fariam as maiores misérias com ele. Mas Tiradentes é um grande herói, morto, que não está incomodando. Os mineiros, em geral, não incomodam.[48]

Em outra oportunidade, ao ser indagado se a mineiridade existe, apresentou a seguinte opinião:

> Existe uma mitologia dos mineiros, há algumas particularidades que não chegam à formação de um tipo específico. São traços de comportamento que se vão diluindo pela aldeia global. Naquela região montanhosa, de acesso dificílimo, as pessoas ficavam como muradas. Era terra de degradados, perseguidos em Portugal. Minas foi um pouco solitária, sem cursos de água. Os mineiros ficaram introspectivos. Distinguiram-se, através do Caraça, nos estudos humanísticos. Talvez a mineiridade consista em certos traços de timidez, a experiência da solidão. O mineiro guarda o sentimento da terra. Temos um carinho especial por Minas, o que não impede o julgamento crítico. O itabirano, como eu, é gente que quase não fala bem da sua terra, embora proíba expressamente aos outros falarem mal dela. Maneira indireta e disfarçada de querer bem.[49]

---

[48] *Ibidem*, p. 137.

[49] *Idem*. Entrevista a Bella Josef, originalmente publicada no jornal *O Globo* de 1982. *In*: *Encontros Carlos Drummond de Andrade*. Organização: Larissa Pinho Alves Ribeiro. Rio de Janeiro: Azougue Editorial, 2011. p. 159.

1.21 Ignorância

Certa vez, perguntaram a Drummond: "O que mais assusta o senhor na juventude de hoje: é a ignorância?". Surpreende a resposta do poeta, ao também atribuir a ignorância às pessoas mais velhas:

> A ignorância não é um privilégio da juventude de hoje. A ignorância está sendo permitida pelos mais velhos. Hoje em dia há no Brasil uma geração dominante que ignora a língua portuguesa. Ignora até normas banais de educação. A gente vê os debates na Câmara, no Congresso, na Constituinte, nas organizações políticas e vê como as pessoas se xingam umas às outras. É uma decadência de ordem geral que tem pelo menos trinta a quarenta anos – talvez mais".[50]

1.22 Medo

Em 1980, quando passou a dar mais entrevistas, perguntaram a Carlos Drummond de Andrade: "Você tem medo de alguma coisa?". Eis a resposta:

> De nada. Tenho medo de cair uma telha na minha cabeça, um automóvel passar por cima de mim, porque um já me arrebentou a testa. Por que eu vou ter medo a essa altura da vida? O que pode me acontecer? Nada. Se eu fosse moço ainda poderia ter medo de alguma coisa. Ninguém vai me fazer mal, por quê? Eu não ofendo a civilização, a sociedade, estou quieto no meu canto. Faço as minhas piadas no jornal. Eu não sou um subversivo.[51]

Por sua vez, em 1987, voltaram a perguntar: "Qual é o grande medo de Carlos Drummond de Andrade?". A resposta não poderia ser mais direta:

> Nenhum. Sinceramente sou uma pessoa terrivelmente corajosa, porque não espero nada de coisa nenhuma. Não tenho religião, não tenho partido político. Vivo em paz com meu critério moral. Vivo em paz com minha consciência.[52]

---

50 *Idem*. Entrevista a Geneton Moraes Neto, originalmente publicada no *Jornal do Brasil* em 1987. *In*: *Encontros Carlos Drummond de Andrade*. Organização: Larissa Pinho Alves Ribeiro. Rio de Janeiro: Azougue Editorial, 2011. p. 219.

51 *Idem*. Entrevista a Leda Nagle, veiculada no *Jornal Hoje* em novembro de 1980. *In*: *Encontros Carlos Drummond de Andrade*. Organização: Larissa Pinho Alves Ribeiro. Rio de Janeiro: Azougue Editorial, 2011. p. 138.

52 *Idem*. Entrevista a Geneton Moraes Neto, originalmente publicada no *Jornal do Brasil* em 1987. *In*: *Encontros Carlos Drummond de Andrade*. Organização: Larissa Pinho Alves Ribeiro. Rio de Janeiro: Azougue Editorial, 2011. p. 220.

1.23 Recados ao Brasil

Em 1943, quando a Segunda Guerra Mundial estava próxima do fim, indagaram-lhe se e como o Brasil poderia colaborar para a reconstrução do mundo e da cultura. Ele respondeu:

> Acho que o Brasil pode e deve dizer alguma coisa de novo, na hora em que recomeçar a reconstrução do mundo. Somos um país sem compromisso com o passado, livre de ideias imperialistas, sem questões de fronteira a resolver, um país que está começando a cumprir o seu destino cheio de acontecimentos. A presença dessa força jovem na comunidade de ações que traçarão a paz deverá ser um elemento de esperança e compreensão fraternal. Por outro lado, nossa organização econômica, em pleno desenvolvimento, um esforço por exprimir conceitos latentes na nossa formação, por produzir a nossa parte de descobrimento e de criação no campo das ideias puras ou aplicadas, confere-nos já certa autoridade, que o tempo irá aumentando. O Brasil tem, de certo, obrigação de preparar-se para esses grandes momentos. A gente que vier depois não nos perdoaria, mesmo se nos deixássemos surpreender pela hora da reconstrução e não levássemos nenhum material nosso, que significasse compreensão do drama vivido e dos caminhos que ele rasgará ao mundo. Se o Brasil contribuir para a implantação de uma ordem social mais justa, fazendo uma ouvir palavra limpa de ódios, mas firme, na defesa dos ideais por que nos batemos, não terá sido inútil o esforço que agora começamos a empreender.[53]

Quarenta e quatro anos depois de ter dado o depoimento anterior, pouco antes de sua morte, Drummond é indagado: "Quando é que o país vai ser um país rico e feliz?". Sua resposta é lúcida e esperançosa:

> Apesar de todas as misérias que cercam o Brasil, nós estamos caminhando. Apesar dos partidos políticos que não são partidos políticos, apesar de tudo, há uma tal energia da mocidade brasileira, há tanta capacidade de ação, a gente vê tanta obra social interessante, tantas pessoas se interessando pelo bem-estar da comunidade que não sou pessimista a este ponto, não.[54]

---

[53] *Idem*. Entrevista a Jorge Lacerda, originalmente publicada em *A massa* em março de 1943. *In*: *Encontros Carlos Drummond de Andrade*. Organização: Larissa Pinho Alves Ribeiro. Rio de Janeiro: Azougue Editorial, 2011. p. 55.

[54] *Idem*. Entrevista a Geneton Moraes Neto, originalmente publicada no *Jornal do Brasil* em 1987. *In*: *Encontros Carlos Drummond de Andrade*. Organização: Larissa Pinho Alves Ribeiro. Rio de Janeiro: Azougue Editorial, 2011. p. 223.

1.24 Velhice

Drummond passou a dar mais entrevistas quando já havia alcançado a terceira idade. "São 78 anos. É muito?" A resposta é lapidar:

> A gente não tem a ideia de que a vida passou não, sabe? É uma experiência que você não pode apreender bem, porque só mesmo vivendo. Olhando para trás, a gente vê que tudo aconteceu extremamente rápido. É uma coisa curiosa isso. Não dá pra sentir a idade, não. Dá pra sentir que o negócio foi muito veloz, um processo demasiadamente rápido. Como se tomasse um avião supersônico. Uma coisa assim. Eu me lembro de coisas da minha infância como se tivessem passado ontem. Então, chego à conclusão de que tudo passa num minuto, mesmo.[55]

Em outra entrevista, perguntaram a Drummond se seria mais difícil fazer poesia aos 20 ou aos 80 anos. Eis a resposta:

> Fazer poesia com a divina ignorância dos 20 anos sem dúvida é mais fácil. O aguçamento da faculdade e da autocrítica e o ceticismo quanto à importância de modas e modismos literários deixa o poeta mais duvidoso do valor possível de sua criação, mais exigente conseguem mesmo... E mais descrente de alcançar o resultado desejável. Há ainda a circunstância de que o pintor, por exemplo, pode repetir, com ligeiras variações, o mesmo tema, durante a vida inteira, mas isso não é permitido ao poeta, que a cada livro tem obrigação de apresentar sempre uma face nova.[56]

A filha Maria Julieta perguntou ao pai, em entrevista de 1984: "A velhice lhe ensinou muitas coisas?".

> Poucas. Teria me ensinado mais, se eu tivesse tido uma militância política, militar ou literária. E digo bem, porque não me considero um literato profissional.[57]

---

[55] *Idem*. Entrevista a Leda Nagle, veiculada no *Jornal Hoje* em novembro de 1980. *In*: *Encontros Carlos Drummond de Andrade*. Organização: Larissa Pinho Alves Ribeiro. Rio de Janeiro: Azougue Editorial, 2011. p. 129.

[56] *Idem*. Entrevista a Edla van Stenn, Fábio Lucas, Julieta de Godoy Ladeira, Mario Chamie e Sábato Magaldi, originalmente publicada no *Jornal da Tarde* em 1982. *In*: *Encontros Carlos Drummond de Andrade*. Organização: Larissa Pinho Alves Ribeiro. Rio de Janeiro: Azougue Editorial, 2011. p. 143.

[57] *Idem*. Entrevista a Maria Julieta Drummond de Andrade, originalmente publicada no jornal *O Globo* em janeiro de 1984. *In*: *Encontros Carlos Drummond de Andrade*. Organização: Larissa Pinho Alves Ribeiro. Rio de Janeiro: Azougue Editorial, 2011. p. 168.

1.25 Morte

Em 1987, o poeta Carlos Drummond de Andrade morreu aos 84 anos. Curiosamente, no dia de sua morte (17 de agosto), comemora-se no Brasil o Dia Nacional do Patrimônio Histórico, Artístico e Cultural, data criada em homenagem ao aniversário de Rodrigo Melo Franco de Andrade, o primeiro presidente do Iphan, entidade na qual Drummond trabalhou com Rodrigo entre 1945 e 1962.

Embora a causa oficial da morte divulgada fosse insuficiência respiratória, para os amigos, o poeta teria morrido de desgosto, tendo em vista que, doze dias antes, morrera sua amada filha Maria Julieta.

Em várias ocasiões, perguntaram a Drummond sobre a morte: "Como é que você encara a posição do intelectual diante da morte?". Suas respostas sempre foram coerentes, como na que vemos em seguida:

> Eu encaro com relativa placidez, porque não posso ter ilusões: acho que eu estou preparado para morrer na medida em que uma pessoa pode estar. Eu não tenho nenhum espírito religioso, de modo que não pretendo socorrer-me da religião para me amparar quando eu sentir que é o momento. Não tenho nenhuma ilusão: até na idade que eu tenho hoje, oitenta e um anos e meio, a qualquer momento, eu posso morrer. Não creio que morrerei de maneira violenta, a não se atropelado ou uma coisa assim qualquer. Não pretendo eliminar minha vida, mas não tenho medo, não. Tanto quanto eu posso me enxergar e entender, eu não tenho medo. Acho que vivi bastante, tanto mais quanto eu tenha em mente a vida média das pessoas da minha família. Meu pai morreu com 70 anos, minha mãe com 79, quer dizer, nenhum atingiu a minha idade. Nós éramos uma infinidade de irmãos. A maioria morreu muito cedo, com dias, semanas, meses, no máximo cinco anos, porque a nossa cidade era uma cidade pobre de recursos, não havia no Brasil inteiro os medicamentos de hoje, a penicilina, os antibióticos, a sulfa, esses recursos cirúrgicos: então, eles morriam normalmente. Porque a sorte das crianças ali era morrer. Sobreviveram seis, entre nós, e, desses, todos morreram, eu sou o último. Essa circunstância me dá muita serenidade para encarar o fenômeno da morte.[58]

---

[58] *Idem*. Entrevista a Gilberto Mansur, originalmente publicada na revista *Status* em julho de 1984. *In*: *Encontros Carlos Drummond de Andrade*. Organização: Larissa Pinho Alves Ribeiro. Rio de Janeiro: Azougue Editorial, 2011. p. 187.

1.26 O serviço público em sua vida

Mas afinal, qual era a relação entre Carlos Drummond de Andrade e a administração pública? A primeira pista será dada no depoimento que se segue. Conforme se verá, a relação é extremamente íntima:

> Mas a grande produção, aquela que será a suma e a explicação da minha vida, consiste nos milhares de ofícios, cartas, cartões, papeletas, ordens de serviço, despachos e telegramas, com que, desde 1932, venho inundando os arquivos das repartições onde tenho trabalhado... Eis aí o traço fundamental de minha biografia. Um bom resumo estaria nas seguintes palavras: "Este foi burocrata".[59]

Não foi à toa que Drummond afirmou que sua presença no serviço público, em distintos cargos e durante tantos anos, era "o traço fundamental" de sua biografia. Assim, nos próximos capítulos deste livro, veremos como o serviço público esteve presente na vida e na obra de Carlos Drummond de Andrade. Para tanto, iniciaremos esta empreitada destacando a trajetória do poeta na Administração Pública mineira e federal.

[59] *Idem*. Entrevista a Martins D'Álvarez, originalmente publicada em *A Gazeta* em dezembro de 1941. *In*: *Encontros Carlos Drummond de Andrade*. Organização: Larissa Pinho Alves Ribeiro. Rio de Janeiro: Azougue Editorial, 2011. p. 29.

CAPÍTULO 2

O SERVIÇO PÚBLICO NA TRAJETÓRIA DE DRUMMOND

A presença do serviço público na vida de Carlos Drummond de Andrade é quase sempre descoberta por quem pesquisa a biografia do escritor mineiro, o que se vê nos estudos acadêmicos produzidos nas áreas de Letras, Literatura e História, e, não raras vezes, também é noticiada pela mídia (jornal, rádio, televisão e internet), quando são veiculadas reportagens sobre a trajetória do poeta.

Todavia, embora a informação de que o poeta mineiro foi funcionário público durante muitos anos não seja propriamente novidade, tal aspecto da biografia drummondiana não costuma ocupar muito espaço, o que se justifica, em parte, pela altíssima qualidade de sua obra literária, que ofusca outras atividades desenvolvidas.

Lamentavelmente, essa menor atenção dos mundos acadêmico e midiático à carreira de Drummond no serviço público tem privado a sociedade brasileira de conhecer uma faceta importante do escritor. Aliás, ele considerava sua relação com a administração pública um dos principais aspectos de sua vida, conforme destacava: "Eis aí o traço fundamental de minha biografia. Um bom resumo estaria nas seguintes palavras: 'Este foi burocrata'".[60]

Mas o que teria levado o vocacionado poeta ao serviço público? Na juventude, Carlos Drummond de Andrade chegou até a simpatizar com a anarquia, ou mesmo a debochar, com seu jeito sempre discreto, do poder, como no episódio em que "enfiou-se na fila para cumprimentar

---

[60] *Idem*. Entrevista a Martins D'Álvarez, originalmente publicada em *A Gazeta* em dezembro de 1941. *In*: *Encontros Carlos Drummond de Andrade*. Organização: Larissa Pinho Alves Ribeiro. Rio de Janeiro: Azougue Editorial, 2011. p. 29.

o então presidente do estado, Mello Viana, deu-lhe a mão, voltando a entrar na fila e a repetir o cumprimento, e assim inúmeras vezes, de forma respeitosa, irrepreensível, mas desmoralizadora para aquela tradicional cerimônia de beija-mão do poder".[61]

Mas voltando à pergunta sobre o que levou o poeta ao serviço público: uma parte da resposta está na necessidade de recursos financeiros ("inquietava-se com o fato de, aos 23 anos, ainda não ter ganhado dinheiro pelos próprios meios")[62] e outra parte, em outra circunstância que o próprio Drummond reconhecia: para o mineiro, "quase toda a literatura brasileira, no passado como no presente, é literatura de funcionários públicos".[63]

Em outra oportunidade, em estudo sobre Machado de Assis na administração pública, indaguei: "Mas, afinal, por que tantos escritores de renome foram parar na Administração Pública? Ou seria melhor perguntar: Por que tantos servidores públicos se dedicaram à literatura?". Embora não exista uma resposta única, essas perguntas já foram feitas antes, obviamente.[64]

Entre as respostas já dadas a essas perguntas, pode-se citar uma que veio da Irlanda, em que foi dito que "o burocrata está limitado pela linguagem. O que talvez ajude a explicar por que tantos escritores irlandeses aprimoraram suas habilidades no serviço público".[65]

No poema *Canção funcionária mineira*, Drummond registrou que, para os escritores de sua época (e de outras), só há um caminho: o da repartição. Nesse sentido:

> (...)
> Somos todos funcionários.
> Assina o ponto da vida,
> poesia; depois, recolhe
> o justo salário, o prêmio

---

[61] CANÇADO. *Op. cit.*, p. 85.

[62] *Ibidem*, p. 119.

[63] ANDRADE, Carlos Drummond. A Rotina e a Quimera (quase toda literatura brasileira é literatura de funcionários públicos). *Sibila Revista de Poesia e Cultura*, ano 24, disponível em: https://sibila.com.br/critica/a-rotina-e-a-quimera-quase-toda-literatura-brasileira-e-literatura-de-funcionarios-publicos/10677. Acesso em: 12 abr. 2025.

[64] CARVALHO, Fábio Lins de Lessa. *Machado de Assis e a administração pública*: o serviço público na vida e na obra machadiana. Belo Horizonte: Fórum, 2024. p. 92.

[65] Texto "*How the Civil Service became a hotbed of great Irish writing*", disponível em: https://www.irishtimes.com/culture/books/how-the-civil-service-became-a-hotbed-of-great-irish-writing-1.3374347. Acesso em: 12 abr. 2025. Tradução livre do autor.

de não varar a capoeira
na direção do mistério,
de esquecer o jeito nosso
de pegar onça no chumbo
e soletrar sem temor
os caminhos d'água do
São Francisco e Rio Doce.
Acabou-se,
Eis que só há um caminho:
repartição.
(...)[66]

Outra pergunta que surge ao nos aproximarmos da faceta burocrata de Drummond diz respeito ao seu nível de comprometimento com o serviço público. Sobre essa circunstância, Gilberto Freyre ressaltou, em 1952:

> Não seria possível também esquecer o funcionário público exemplar. Só as magníficas qualidades de organização e método de Olavo Bilac – segundo nos afirma Medeiros e Albuquerque em "Quando eu era vivo" – poderiam ser comparadas ao rigor burocrático do ex-chefe de gabinete do ministro Capanema e o atual chefe do arquivo e biblioteca do Serviço de Patrimônio Histórico e Artístico. Que o diga o sr. Rodrigo de Melo Franco de Andrade.[67]

Otto Lara Resende foi outro que, ao relatar um episódio em 1949, ressaltou as qualidades de Drummond como funcionário público:

> Da primeira vez que o procurei, o poeta lá não estava, como esperava encontrá-lo oculto atrás dos arquivos de aço. Perguntei por ele a um rapaz que se encontrava na sala, e a informação veio maior do que eu esperava:
> – É um homem esquisito. Não é ele mesmo que o senhor está procurando, um magro? Ele nem sempre está aqui, ou então sou eu que venho pouco... Vem, senta aí na mesa dele, faz o serviço calado, não dá uma palavra com ninguém. Não conversa, a não ser no telefone, e lá de

66 ANDRADE, Carlos Drummond de. Poema *Canção funcionária mineira*. Texto inédito cujo original integra o acervo do Arquivo Museu de Literatura Brasileira, instalado em 1972 na Fundação Casa de Ruy Barbosa, no Rio de Janeiro.

67 FREYRE, Gilberto. Correio da Manhã (Rio), 1/11/1952. Hemeroteca da BN-Rio. Disponível em: https://viladeutopia.com.br/carlos-drummond-de-andrade-uma-biografia-dificil. Acesso em: 12 abr. 2025.

vez em quando dá um cumprimento que quase nem se ouve. Homem esquisito! Mas é danado de organizado e trabalhador![68]

Para a professora Beatriz Resende, "cabe lembrar o papel de Carlos Drummond de Andrade como funcionário público exemplar. Se olharmos o conjunto de suas atividades pela vida afora, porém, o espanto diminui. Cada entrega, cada dedicação, cada paixão vinha acompanhada de outra".[69]

Paulo Mendes Campos, amigo de Drummond, fez uma importante comparação entre o grande poeta brasileiro e Machado de Assis, grande prosador. Além de outras semelhanças, ambos se dedicaram ao serviço público:

> Machado de Assis, o artista mais sério que já houve no Brasil, foi um burocrata perfeito (um burocrata perfeito é quase o contrário de um perfeito burocrata). Carlos Drummond de Andrade, o poeta mais sério do Brasil, encerrou há pouco, aposentado, a sua carreira de burocrata perfeito. Os dois se parecem muito na reserva, no pudor, na ironia, no *humour*, na dignidade pessoal, na elisão sistemática de semostração pública. Literariamente, Machado de Assis deu inteligência à prosa brasileira; Drummond de Andrade deu inteligência ao verso. Esses dois homens magros e reticentes são dois monstros de energia na luta contra o nosso subdesenvolvimento intelectual.[70]

Nas próximas páginas, conheceremos em mais detalhes a trajetória de Carlos Drummond de Andrade no serviço público, onde atuou na Administração Pública mineira e na federal.

2.1 Em Belo Horizonte, na Administração Pública do Estado de Minas Gerais

Tendo concluído o curso de graduação em Farmácia, em 1925, Drummond nunca chegou a exercer essa profissão, já que preferiu se dedicar à literatura e ao jornalismo, tendo, inclusive, no mesmo ano

---

68 RESENDE, Otto Lara. Diário de Pernambuco, 1/1/1949. Hemeroteca da BN-Rio. Disponível em: https://viladeutopia.com.br/claro-enigma-do-homem-esquisito. Acesso em: 12 abr. 2025.

69 RESENDE, Beatriz. Um funcionário exemplo, texto publicado na Folha de São Paulo em 27 de outubro de 2002, disponível em: https://www1.folha.uol.com.br/fsp/mais/fs2710200217.htm. Acesso em: 12 abr. 2025.

70 CAMPOS, Paulo Mendes. Crônica *E agora, Drummond?*, disponível em: https://cronicabrasileira.org.br/cronicas/14708/e-agora-drummond. Acesso em: 12 abr. 2025.

de 1925, fundado com alguns amigos *A Revista*, destinada a divulgar o movimento modernista.

Ainda no mesmo ano de sua formatura, casou-se com Dolores Dutra de Morais, o que lhe impôs a busca por novas fontes de renda para sustentar a família. É nesse período que Drummond chegou a trabalhar como professor de Geografia e Português.

O ingresso de Drummond no serviço público ocorreu em 1928, quando ele tinha 25 anos e ainda vivia em Belo Horizonte. Em um período em que os cargos públicos eram providos por indicações políticas, ter amigos influentes era fundamental.

2.1.1 Na Secretaria de Educação de Minas Gerais – 1928

Entre os amigos dos tempos de Minas Gerais que levaram Carlos Drummond de Andrade ao serviço público, dois se destacaram: Gustavo Capanema, que o convidaria para o Ministério da Educação e Saúde Pública em 1934, e Rodrigo Melo Franco de Andrade, que levou o poeta para trabalhar na recém-criada Diretoria do Patrimônio Histórico e Artístico Nacional (DPHAN) em 1945.

Mas por que esses convites para cargos públicos tão relevantes foram feitos a um poeta como Drummond? Evidentemente, a amizade era algo determinante: no caso de Drummond e Capanema, eles haviam sido colegas no internato do Colégio Arnaldo Jansen, em Belo Horizonte, desde 1916. Tendo iniciado na adolescência, a amizade entre os dois foi retomada na juventude, quando Drummond voltou à capital mineira, após ser expulso do colégio de Nova Friburgo. Os amigos Carlos e Gustavo, que faziam parte do grupo que se reunia no Café Estrela (na rua da Bahia), "atuariam juntos na definição de políticas culturais e educacionais para o País, seriam responsáveis pela fundação de diversos órgãos e estruturas de apoio à cultura nacional".[71]

Por sua vez, em relação à amizade entre Carlos Drummond de Andrade e Rodrigo Melo Franco de Andrade, sobre este último, convém ressaltar:

> De volta ao Brasil, após seus estudos na França, aproximou-se de grupos modernistas e criou laços de amizade que permaneceram ao longo dos

[71] CUNHA, Dênio Magno da. Gustavo Capanema, Abgar Renault e Drummond de Andrade: centenário de um encontro. *Revista Gestão Universitária*, 4 abr. 2016. Disponível em: http://gestaouniversitaria.com.br/artigos/gustavo-capanema-abgar-renault-e-drummond-de-andrade-centenario-de-um-encontro. Acesso em: 12 abr. 2025.

> anos, com Aníbal Machado – que o estimulou na sua iniciação literária –, Milton Campos, João Alphonsus, Carlos Drummond de Andrade, Pedro Nava, Abgar Renault e Oswald de Andrade, entre outros. Participou de manifestações culturais que sucederam a Semana de Arte Moderna (Semana de 1922), realizada em fevereiro de 1922, em São Paulo, e iniciou sua amizade com os intelectuais do movimento modernista, em especial o escritor Mário de Andrade, Manuel Bandeira, Carlos Drummond de Andrade, Tarsila do Amaral e Pedro Nava.[72]

Todavia, parece evidente que a amizade não bastaria para que Gustavo Capanema e Rodrigo Melo Franco de Andrade nomeassem Drummond para cargos tão relevantes no serviço público. Assim, devem ser destacados outros dois fatores: a competência técnica e a lealdade. Sobre este último aspecto, registre-se que Drummond permaneceria com Capanema onze anos como Chefe de Gabinete do então Ministro; com Rodrigo de Melo Franco da Andrade, primeiro Diretor do Serviço de Patrimônio Histórico e Artístico Nacional (SPHAN, hoje Iphan), o poeta mineiro permaneceria dezessete anos.

E como a competência de Drummond poderia ter sido constatada por seus amigos? Nesse contexto, convém ressaltar que, muito antes de ter trabalhado nesses dois longos vínculos funcionais no âmbito da Administração Federal, Drummond já havia iniciado sua trajetória no funcionalismo público atuando em órgãos da Administração Pública mineira.

Sobre a primeira experiência profissional no serviço público, é importante que se destaque que Drummond começou a atuar em uma função de menor expressão: "Por sugestão do amigo Rodrigo Melo Franco de Andrade, é convidado por Francisco Campos a trabalhar na Secretaria da Educação, mas, sem mesa e cadeira para ocupar, é levado por Mário Casassanta para auxiliar na redação da *Revista do Ensino*, na mesma secretaria".[73] Sobre esse período:

> Mais ou menos na época da recusa de Drummond a ir para São Paulo, Rodrigo Mello Franco de Andrade veio em seu socorro. Com Francisco Campos, Rodrigo arranjou-lhe um emprego na Secretaria de Educação. Era um emprego para o qual – lembraria o próprio Drummond – "não

---

[72] *Vida e Obra*: Rodrigo Melo Franco de Andrade (1898-1969), texto publicado no sítio eletrônico do Instituto Nacional do Patrimônio Histórico e Artístico Nacional (Iphan), disponível em: http://portal.iphan.gov.br/noticias/detalhes/481/vida-e-obra-rodrigo-melo-franco-de-andrade-1898-%E2%80%93-1969. Acesso em: 12 abr. 2025.

[73] Informação retirada do sítio eletrônico *Leia Carlos Drummond de Andrade*, disponível em: https://www.leiadrummond.com.br/cronologia. Acesso em: 12 abr. 2025.

tinha mesa nem cadeira". Mário Casassanta, diretor da Imprensa Oficial, arranjou-lhe uma atribuição, fazendo dele diretor da Revista do Ensino.[74]

Na cronologia divulgada no *site* mantido pela família do poeta, constam no ano de 1928 três importantes acontecimentos: o nascimento da filha Maria Julieta; a publicação do célebre poema *No meio do caminho* na *Revista de Antropofagia*, de São Paulo, "dando início à carreira escandalosa do poema"; e a designação para o poeta atuar como "auxiliar na redação da Revista do Ensino, da Secretaria de Educação".[75]

2.1.2 No *Minas Gerais* (Imprensa Oficial do Estado de Minas Gerais) – 1929; 1949-1953

No ano seguinte à estreia do poeta mineiro como funcionário público, Drummond passou a ocupar outras funções públicas, que foram ganhando maior relevância: ele se tornou um dos principais responsáveis pelo *Minas Gerais*, nome dado à Imprensa Oficial do estado de mesmo nome. "Fundado em novembro de 1891, o periódico, responsável por legitimar os atos oficiais do estado, teve em sua equipe o poeta Carlos Drummond de Andrade, que, na década de 1930, foi redator e revisor do diário".[76]

A propósito, registre-se que, no tocante aos postos de trabalho ocupados por Drummond no *Minas Gerais* (Imprensa Oficial mineira), as fontes consultadas trazem algumas imprecisões: auxiliar de redação, ajudante de redação, redator, revisor, editor-chefe são alguns dos cargos que foram atribuídos ao poeta mineiro nesse período. Para ilustrar essa observação, ressalte-se que mesmo órgãos públicos afirmam que "no Diário Oficial já trabalharam figuras importantes do cenário nacional, como o poeta Carlos Drummond de Andrade, que foi redator e revisor do jornal durante a década de 1930".[77] Por sua vez, o biógrafo José Maria Cançado ressaltou: "Ainda em 1929, Mário Casassanta faria de

---

[74] CANÇADO. *Op. cit.*, p. 131.

[75] Informações obtidas no sítio eletrônico *Carlos Drummond de Andrade*, disponível em: https://www.carlosdrummond.com.br/conteudos/visualizar/Cronologia. Acesso em: 12 abr. 2025.

[76] Informação obtida no sítio eletrônico do TJMG, disponível em: https://www.tjmg.jus.br/portal-tjmg/noticias/exposicao-relembra-historia-do-diario-oficial-de-minas.htm. Acesso em: 12 abr. 2025.

[77] Trecho retirado do sítio eletrônico oficial *Agência Minas*, disponível em: https://www.agenciaminas.mg.gov.br/noticia/diario-oficial-completa-132-anos-e-acervo-digitalizado-conta-a-historia-de-minas-gerais. Acesso em: 12 abr. 2025.

Drummond seu oficial de gabinete e lhe ofereceria o cargo de ajudante de redação do Minas Gerais, a publicação oficial, e que tinha como diretores Abílio Machado e o futuro e folclórico político José Maria de Alecrim".[78]

Assim, diante de tantas diferentes nomenclaturas de cargos públicos, adotaremos os dados que constam no *site* mantido pela família do autor, em cuja cronologia consta que, em 1929, Drummond "passa a trabalhar no Minas Gerais, órgão oficial do estado, como auxiliar de redação e, pouco depois, redator".[79]

É nessa fonte confiável que também se constata que Drummond trabalhou no *Minas Gerais* (Imprensa Oficial mineira) não somente na década de 1920, entre os anos de 1929 e 1930, mas também entre 1934 até sua ida ao Rio de Janeiro, no mesmo ano, e entre 1949 e 1953:

> 1929 Deixa o Diário de Minas e passa a trabalhar no Minas Gerais, órgão oficial do estado, como auxiliar de redação e, pouco depois, redator.
> 1930 (...) Assume o cargo de auxiliar de gabinete de Cristiano Machado, secretário do Interior. Passa a oficial de gabinete quando seu amigo Gustavo Capanema assume o cargo.
> (...)
> 1934 Volta às redações: Minas Gerais, Estado de Minas, Diário da Tarde, simultaneamente. (...). Transfere-se para o Rio de Janeiro como chefe de gabinete de Gustavo Capanema, novo ministro da Educação e Saúde Pública.
> (...)
> 1949 – Volta a escrever no Minas Gerais (...)
> (...)
> 1953 – Exonera-se do cargo de redator do Minas Gerais ao ser estabilizada sua situação de funcionário da DPHAN (...)[80]

Ressalte-se que, além de Carlos Drummond de Andrade, grandes nomes da literatura nacional, como Graciliano Ramos e Machado de Assis, trabalharam em órgãos da Imprensa Oficial. Enquanto Graciliano foi Diretor da Imprensa Oficial alagoana (1930-1931), Machado foi Tipógrafo (1856-1858) e Ajudante do Diário Oficial (1867-1873) na Imprensa Nacional. Mas qual experiência tinha Drummond com jornais?

---

[78] CANÇADO. *Op. cit.*, p. 131.

[79] Informações obtidas no sítio eletrônico Carlos Drummond de Andrade, disponível em: https://www.carlosdrummond.com.br/conteudos/visualizar/Cronologia. Acesso em: 12 abr. 2025.

[80] *Ibidem*.

Desde 1921, Carlos Drummond de Andrade, então com 18 anos, já iniciava a carreira jornalística, tendo publicado seis artigos no *Jornal de Minas*. A partir de então:

> (...) decidiu tentar a sorte no Diário de Minas, que tinha então muito mais prestígio. Sua primeira colaboração para o veículo foi um artigo sobre Tântalos, livro de contos do alagoano Luís de Araújo Morais. Cinco anos depois, em 1926, foi convidado para trabalhar no jornal, como redator. Com a demissão de um superior, virou editor-chefe do jornal, até o seu fim. Uma das principais mudanças que Drummond implementou no Diário de Minas foi dedicar uma de suas quatro páginas diárias à produção literária da época, com destaque para o modernismo.[81]

Sobre o período em que Drummond chefiava o jornal *Diário de Minas* (que o credenciou para ser designado para a Imprensa Oficial mineira), Afonso Arinos de Melo Franco ressaltou:

> O grande, o altíssimo poeta, servia como redator-chefe do PRM, o velho Diário de Minas, que parecia uma espécie de mensagem espírita. Digo isso porque era ainda composto sem linotipos nem rotativa: ninguém, ou, quase ninguém, o lia, e tinha, contudo, influência política. Carlos Drummond de Andrade dominava soberanamente a redação. João Alphonsus e eu obedecíamos docilmente às ordens e instruções. Carlos, com aquele senso de organização e aquela eficiência burocrática que se tornaram conhecidos no Ministério da Educação, distribuía tarefas, fiscalizava horários, tomava a sério a sua função, o que nos obrigava a fazer o mesmo com as nossas.[82]

Assim, vê-se que a indicação de Drummond para atuar como revisor do *Minas Gerais*, diário oficial do Estado natal do poeta, não se tratou de mero ato de amizade. Todos já reconheciam em Drummond o talento e a capacidade de assumir missões, que, a cada momento, passavam a se tornar mais complexas.

2.1.3 Na Secretaria de Interior de Minas Gerais – 1930

A continuidade da carreira administrativa de Drummond mais uma vez contaria com a ajuda de amigos. Com o passar do tempo, o

---

81 Artigo do *Diário de Minas*, publicado no sítio eletrônico *Wikipedia*, disponível em: https://pt.wikipedia.org/wiki/Di%C3%A1rio_de_Minas. Acesso em: 12 abr. 2025.

82 Trecho retirado do sítio eletrônico *Crônica Brasileira*, disponível em: https://cronicabrasileira.org.br/cronicas/14708/e-agora-drummond. Acesso em: 12 abr. 2025.

poeta assumiria funções que lhe passaram a demanda de mais responsabilidades e mais tempo, situação que incomodou o poeta: "No início de 1930, Drummond passou a auxiliar de gabinete do secretário do Interior, Cristiano Machado. Ao fim de dois anos de corredores, salas, gabinetes e burocracia de modo geral, Drummond confessava em carta a Manuel Bandeira que 'há quase dois anos' não tinha um 'dia feliz ou pelo menos sossegado'".[83]

Em maio de 1933, Cristiano Machado conquistou uma cadeira na Assembleia Nacional Constituinte. Sua saída do cargo de secretário do Interior do Estado de Minas Gerais em nada afetou a posição ocupada por Drummond, uma vez que quem passou a ser o novo secretário foi seu também amigo Gustavo Capanema. Na cronologia divulgada no *site* Carlos Drummond de Andrade, vê-se:

> 1930 – Assume o cargo de auxiliar de gabinete de Cristiano Machado, secretário do Interior. Passa a oficial de gabinete quando seu amigo Gustavo Capanema assume o cargo.[84]

Em relação à vida pública, Drummond sempre fez questão de dizer que sempre atuou como auxiliar, em questões de natureza técnica, e não como político:

> "Eu cumpria ordens." Mesmo que a sua condição de chefe de gabinete do secretário de Interior e Justiça de Minas Gerais, Cristiano Machado (então à frente da força militar sublevada contra as tropas do governo federal), o jogasse no coração dos acontecimentos, a sua posição sempre foi um pouco subalterna. Sua função no comando revolucionário era redigir telegramas, esboçar comunicados a serem assinados pelos líderes revoltosos.[85]

E o que exatamente fazia Drummond nesse cargo público de auxiliar de gabinete? O próprio poeta responde: "Escrevia cartas, discursos para serem lidos por autoridades, entrevistas, artigos de jornal, editoriais, sueltos, sem assinatura, com pseudônimos ou coma assinatura dos figurões do PRM".[86] Como se vê, na literatura, no jornalismo e no

---

83 CANÇADO. *Op. cit.*, p. 133.

84 Informações obtidas no sítio eletrônico *Carlos Drummond de Andrade*, disponível em: https://www.carlosdrummond.com.br/conteudos/visualizar/Cronologia. Acesso em: 12 abr. 2025.

85 CANÇADO. *Op. cit.*, p. 142.

86 BOMENY, Helena. Infidelidades eletivas: intelectuais e política. *In*: BOMENY, Helena (org.). *Constelação Capanema*: intelectuais e políticas. Rio de Janeiro: FGV, 2001. p. 25.

serviço público, a atuação profissional de Drummond sempre girou em torno da palavra escrita, e ele a utilizava com talento raro.

2.1.4 No Governo do Estado de Minas Gerais – 1933

A lealdade de Drummond a Capanema começou a ser realçada em 1933. Nesse ano, se Drummond já era oficial de gabinete do Secretário do Interior Gustavo Capanema, quando este foi nomeado por Getúlio Vargas como Interventor Federal no Estado de Minas Gerais, em caráter provisório, o poeta o acompanhou, auxiliando-o na Chefia do Poder Executivo Estadual durante três meses e dez dias:

> Olegário Maciel faleceu no dia 5 de setembro de 1933. Com sua morte, Capanema assumiu interinamente o cargo de interventor federal em Minas, postulando de imediato sua efetivação. Logo em seguida, Virgílio de Melo Franco lançou-se também na disputa sucessória, retirando sua candidatura à presidência da Constituinte. A sucessão mineira não mobilizou apenas as forças políticas do estado, mas também líderes de reconhecida projeção nacional, representantes de diferentes facções do governo provisório. (...). Em 4 de dezembro, após se avistarem com Vargas no Rio de Janeiro, Capanema e Virgílio resolveram finalmente encerrar a disputa, comprometendo-se a aceitar a decisão presidencial desde que a escolha recaísse sobre um deles. No dia 12, após entendimentos mantidos com Antônio Carlos, Vargas deu uma solução inteiramente inesperada ao caso, nomeando interventor Benedito Valadares, deputado mineiro à Constituinte de expressão política muito inferior à dos principais postulantes ao governo estadual. Com essa nomeação, porém, Vargas não só garantiu a presença à frente do governo de Minas de um chefe sem muitas vinculações e influência entre as forças regionais, reservando-se assim a possibilidade de controlar a maior bancada estadual da Constituinte, como também conseguiu neutralizar a força de dois políticos de grande prestígio nacional: Flores da Cunha e Osvaldo Aranha. Inconformados com a escolha de Valadares, Aranha e Afrânio de Melo Franco demitiram-se do ministério, abrindo uma grave crise no interior do governo provisório. Enquanto isso, Capanema transmitiu o cargo a Benedito Valadares no dia 15 de dezembro, sem atender aos apelos em favor da resistência feitos por Virgílio de Melo Franco.[87]

---

[87] Informações obtidas em documento *Gustavo Capanema*, da Fundação Getulio Vargas (FGV), disponível em: https://cpdoc.fgv.br/sites/default/files/verbetes/primeira-republica/CAPANEMA,%20Gustavo.pdf. Acesso em: 12 abr. 2025.

Esses fatos estão presentes na cronologia divulgada no *site* eletrônico oficial de Carlos Drummond de Andrade: "1933 – Acompanha Gustavo Capanema durante os três meses em que este foi interventor federal em Minas".[88]

Perceba-se que o verbo utilizado na informação dada na cronologia do poeta é "acompanhar". De fato, foi isso que aconteceu entre Drummond e Capanema: o primeiro acompanhou o último em três diferentes experiências administrativas, no caso, na Secretaria de Estado do Interior, no Governo de Minas Gerais e no Ministério da Educação e Saúde Pública. Conforme apontam os estudiosos, o estilo de um complementava o do outro:

> Elites tendem a gerar seus intelectuais, e Minas Gerais não seria exceção. São as elites que têm recursos para mandar seus filhos às melhores escolas, dar-lhes familiaridade com diversas línguas, abrir-lhes o mundo dos livros e das ideias. Ao mesmo tempo, os homens de elite tendem a viver muito, a manter suas posições de poder até a velhice, e, desta forma, custam a passar para os mais jovens suas posições. Nem todos os intelectuais, evidentemente, têm esta origem, mas este parece ter sido ocaso do grupo dos jovens que, na década de 20, agitavam as ruas de Belo Horizonte com suas estrepolias, acompanhavam como podiam os modismos intelectuais do Rio e São Paulo e se preparavam, uns para a vida política, outros, principalmente, para a vida contemplativa. Basta ler as memórias de Pedro Nava para reconhecermos a intensidade destas experiências e as marcas profundas que elas deixaram na vida de seus protagonistas. Basta listarmos alguns dos nomes das rodas intelectuais de então – Abgar Renault, Pedro Aleixo, Gustavo Capanema, Emílio Moura, Carlos Drummond de Andrade, Mílton Campos, João Pinheiro Filho, João Alfonsus, Mário Casassanta – para percebermos que também eles deixaram suas próprias marcas na vida de seu estado e de seu país. Dentre estes, dois teriam papéis profundamente distintos, mas igualmente importantes. Carlos Drummond de Andrade desenvolveria uma obra poética e literária da melhor qualidade, até chegar à posição isolada que hoje ocupa como figura central de nossas letras. Gustavo Capanema entraria com força na vida política aos 30 anos, como Secretário do Interior do governo Olegário Maciel, e dela não mais sairia. O que nem todos se recordam é que, durante a maior parte destes anos, Drummond foi seu chefe-de-gabinete, o intermediário eficiente, discreto e silencioso entre o político Capanema e tantos que dele dependiam ou a ele se dirigiam. Refazer o lado pessoal e mais profundo

[88] Informações obtidas no sítio eletrônico Carlos Drummond de Andrade, disponível em: https://www.carlosdrummond.com.br/conteudos/visualizar/Cronologia. Acesso em: 12 abr. 2025.

do relacionamento entre estes dois homens igualmente reservados, inteligentes e vitoriosos em suas respectivas carreiras exigiria muito mais do que poderíamos pretender. Basta dizer que os dois, de alguma forma, se complementavam. Capanema, homem de grande cultura humanística e pretensões intelectuais, se dedica inteiramente à política, sem uma obra intelectual própria que ultrapasse os limites do que seus diversos cargos exigiam; Drummond, mais do que simples funcionário público, teria tido condições de uma carreira política própria, que prefere, no entanto, não realizar, em benefício de sua obra literária. É como se Capanema fizesse a política de Drummond, e este realizasse as ambições intelectuais do chefe e amigo. Drummond e Capanema parecem haver assim, na prática, resolvido a questão do relacionamento sempre difícil entre o intelectual e o poder, através de uma dissociação na qual cada um assumia de forma exclusiva um dos papéis. Se Drummond renunciava de bom grado ao poder, no entanto, Capanema jamais renunciou explicitamente à sua condição de intelectual, que mantinha pela preocupação com questões relativas à educação e cultura, com a amizade pessoal que cultivava com escritores, pintores e artistas em geral, e com o hábito de estudo e leitura. Ele procura ser, sempre, um intelectual no poder. A grande pergunta é como ele consegue, ou não, combinar as duas coisas dentro de si mesmo.[89]

2.2 No Rio de Janeiro, na Administração Pública Federal

A carreira de Carlos Drummond de Andrade no serviço público passaria por mais uma mudança, desta vez, ainda mais profunda, o que exigiu que o poeta e sua família passassem a residir em outra cidade: o Rio de Janeiro, capital federal.

A propósito, a relação entre Drummond e o Rio de Janeiro foi intensa, tanto que ele nunca mais deixou de lá viver, tendo permanecido na "Cidade Maravilhosa" por nada menos que 53 anos:

> Drummond se mudou para o Rio de Janeiro em 1934 e nesta cidade viveria até o final da vida e trabalharia como funcionário público até se aposentar. Primeiro como chefe de gabinete de seu amigo Gustavo Capanema, novo Ministro de Educação e Saúde Pública. Neste cargo, como homem de confiança do ministro, acompanhou ativamente as etapas do concurso para a construção do edifício modernista onde passaria a ser sediado o MEC na década de 1940 (atual Palácio Capanema).

---

89 SCHWARTZMAN, Simon. O Intelectual e o Poder: A Carreira Política de Gustavo Capanema. *Centro de Pesquisas e Documentação em História Contemporânea do Brasil (CPDOC)*, Editora da Universidade de Brasília, 1983.

E, posteriormente, de 1945 a 1962, com Rodrigo de Melo Franco no Serviço do Patrimônio Histórico e Artístico Nacional, atual Iphan.[90]

A decisão de deixar Belo Horizonte não foi tão simples para Drummond, que, além de casado e com uma filha de 6 anos para criar, ansiava ainda por uma maior projeção no campo literário. Nesse contexto:

> O convite não caiu com uma luva para o poeta. Mesmo com a chance de sair da situação em que vivia, apertado, num regime de economia doméstica estreitíssima de funcionário público, aquilo não refrescava em nada. Com 32 anos e, como escreveria na época, "sem nenhum problema resolvido, sequer colocado", ele estava agora obrigado a escolher.[91]

Apesar das dificuldades inerentes à escolha, Drummond disse "sim" à mudança para o Rio de Janeiro, o que seria um passo fundamental em sua vida pessoal, em sua literatura, em sua atuação jornalística e em sua carreira no serviço público.

Ademais, Drummond, um dos mais mineiros dos poetas, também passaria a estar associado definitivamente ao Rio de Janeiro: "É quase impossível encontrar alguém no Rio que não tenha visto um dia a figura burocrática, funcionária e, ao mesmo tempo, mítica de Drummond passando pelo Castelo no Rio de Janeiro".[92] E os cariocas (e brasileiros de todas as regiões) continuariam a vê-lo na paisagem do Rio mesmo após sua morte, com a inauguração da estátua de bronze do poeta em 2002, instalada no calçadão da orla de Copacabana.

2.2.1 No Ministério da Educação e Saúde Pública – 1934/1945

Depois de ter trabalhado com Gustavo Capanema na Secretaria de Interior e Justiça de Minas Gerais e no Governo mineiro, Drummond recebeu o convite para acompanhar o amigo em uma nova missão, quando Getúlio Vargas nomeou Capanema como Ministro de Educação e Saúde Pública. Sim, o leitor não leu errado: o Ministério em questão

---

[90] Informações obtidas no sítio eletrônico *BN Digital Brasil*, disponível em: https://bndigital.bn.gov.br/artigos/literatura-carlos-drummond-de-andrade-um-poeta-mineiro-de-rara-sensibilidade. Acesso em: 12 abr. 2025.

[91] CANÇADO. *Op. cit.*, p. 150.

[92] *Ibidem*, p. 221.

abrangia tanto a Pasta da Educação como a da Saúde. Sobre a história do superministério:

> O Ministério da Educação foi criado em 1930, logo após a chegada de Getúlio Vargas ao poder. Com o nome de Ministério da Educação e Saúde Pública, a instituição desenvolvia atividades pertinentes a vários ministérios, como saúde, esporte, educação e meio ambiente. (...) Até 1953, foi Ministério da Educação e Saúde. Com a autonomia dada à área da saúde, surge o Ministério da Educação e Cultura, com a sigla MEC.[93]

Se a atuação de Drummond nos cargos públicos da Administração mineira pouco foi notada ou comentada pelos historiadores e biógrafos, isso não se pode dizer em relação ao desempenho do poeta como Chefe de Gabinete do Ministro da Educação e Saúde Pública. Isso porque a dupla de amigos, que permaneceria junta por onze anos (1934-1945), promoveu uma série de iniciativas administrativas de impacto nas duas principais áreas sociais do país:

> Durante o período em que estiveram à frente do Ministério da Educação foram inúmeras as alterações realizadas na estrutura da cultura e da educação no País. Capanema foi o Ministro que mais tempo permaneceu à frente de uma única pasta do Governo brasileiro – 11 anos. Candido (1987, p. 181) faz uma análise do que significou esse período para a história da cultura brasileira: "Quem viveu nos anos 30 sabe qual foi a atmosfera de fervor que os caracterizou no plano da cultura, sem falar de outros. O movimento de outubro não foi um começo absoluto nem uma causa primeira e mecânica, porque na história não há dessas coisas. Mas foi um eixo e um catalisador: um eixo em torno do qual girou de certo modo a cultura brasileira, catalisando elementos dispersos para dispô-los numa configuração nova. Neste sentido foi um marco histórico, daqueles que fazem sentir vivamente que houve um "antes" diferente de um "depois". Em grande parte, porque gerou um movimento de unificação cultural, projetando na escala da nação fatos que antes ocorriam no âmbito das regiões". Na área da cultura, entre outras:
> 1936 Funda o Serviço de Patrimônio Histórico e Artístico Nacional (SPHAN). Indica Rodrigo de Mello Franco de Andrade como diretor.
> 1937 Cria o Instituto Nacional do Livro. Nomeia Augusto Meyer para Diretor.

---

[93] Informações retiradas do sítio eletrônico do Ministério da Educação, disponível em: http://portal.mec.gov.br/conaes-comissao-nacional-de-avaliacao-da-educacao-superior/97-conhecaomec-1447013193/omec-1749236901/2-historia. Acesso em: 12 abr. 2025.

Cria a Universidade do Brasil (antiga Universidade do Rio de Janeiro).

Cria o Serviço Nacional de Teatro.

Cria o Serviço de Radiodifusão Educativa. Apoiado por Roquete Pinto.

Cria o Instituto Nacional do Cinema Educativo. Apoiado por Humberto Mauro.

1938 Cria o Museu da Inconfidência em Ouro Preto.

1941 Cria o Conselho Nacional de Desportos.

1942 Cria o Conservatório Nacional de Canto Orfeônico. Nomeia Villa-Lobos para a Direção.

1945 Cria o Museu o Ouro em Sabará (MG)

Na Educação, entre outros:

1938 Funda o Instituto Nacional de Estudos Pedagógicos (INEP). Nomeia Lourenço Filho para a Direção

1942 Nacionaliza cerca de 2000 escolas em núcleos de colonização no Sul do País.

Cria o Fundo Nacional do Ensino Primário.

Cria o Serviço Nacional de Aprendizagem Industrial (SENAI).

Organiza o ensino industrial (Decreto-lei n. 4.048, de 22 de janeiro de 1942).

Organiza o ensino secundário (Decreto-lei n.4.244 de 9 de abril de 1942).

1943 Assina o acordo da Convenção Ortográfica com Portugal.

Reforma o ensino comercial (Decreto-lei n.6.141, de 28 de dezembro de 1943).

Houve também reformas gestadas no período Capanema e efetivadas após a sua saída do Ministério:

Decreto-lei n. 8.529, de 02 de janeiro de 1946, que organizou o ensino primário a nível nacional;

Decreto-lei 8.530, de 02 de janeiro de 1946, que organizou o ensino normal;

Decretos-lei n 8.621 e 8.622, de 10 de janeiro de 1946, que criaram o SENAC;

Decreto-lei n. 9.613 de 20 de agosto de 1946, que organizou o ensino agrícola.

Essas medidas lançaram as bases sobre as quais puderam se desenvolver ações culturais e uma nova estrutura educacional no País. A partir delas, havia algo para ser avaliado, discutido, aprimorado e principalmente gerido.

Os números de alunos nos diversos níveis escolares também sofreram evolução no longo período de Capanema à frente do Ministério, com destaque para o ensino secundário. Em 1933 havia 417 cursos no país;

em 1945 esse número saltara para 1.282. Em número de alunos: 66.420 para 256.664.[94]

Alguns episódios ocorridos durante a gestão de Capanema no Ministério da Educação e Saúde Pública demonstram a relevância de Carlos Drummond de Andrade na tomada de decisões do órgão:

> O primeiro grande projeto de Gustavo Capanema seria, para dar visibilidade à questão da educação e da saúde no Brasil, criar um espaço arquitetônico que se impusesse nacionalmente, abrigando em seu interior o que de melhor houvesse na produção artística brasileira. Surgirá, assim, o projeto do prédio do MEC, no centro do Rio, que, ao ser concluído, transforma-se no principal ícone do modernismo em cenário que até então lhe fora resistente. Dois momentos do longo processo de construção do prédio-monumento exemplificam a importância que teve o chefe-de-gabinete. A primeira é quando da decisão sobre que proposta arquitetônica escolher. Capanema instituíra um concurso de anteprojetos de que saiu vitorioso um trabalho de inspiração *art déco*, apresentado por Arquimedes Memória. O ministro, cercado por uma plêiade de assessores modernistas, teria ficado "desolado com o resultado do concurso". A conselho de Drummond, e percebendo que o concurso previa prêmio, mas não o vinculava à construção, decide-se por chamar Lúcio Costa para criar o prédio. Drummond, recorrendo inclusive aos conselhos de Mário de Andrade, é a maior influência sobre o "gosto" de Capanema. Lúcio Costa convence então o ministro, que convence Getúlio Vargas, a trazer ao Brasil o arquiteto Le Corbusier. É do traço rápido do pioneiro da arquitetura modernista na Europa que sai a ideia que será desenvolvida pela equipe, liderada por Lúcio Costa e completada por Oscar Niemeyer, Jorge Moreira, Afonso Reidy, Carlos Leão e Ernani Vasconcelos. A segunda influência decisiva vai acontecer ao final da construção. Para a frente do prédio, Capanema desejava algo de grandioso e, como ninguém passa impune pelos regimes autoritários, pretendia colocar na entrada do prédio imensa escultura de cunho nacionalista: o "Homem Brasileiro". Mas o que é o homem brasileiro? Que cara, altura, porte teria? Novamente Drummond interfere. Depois de consultas a antropólogos e outros estudiosos incumbidos de definir teoricamente como seria o tal "homem brasileiro", Capanema encomenda a grande estátua a Celso Antônio. Capanema quer um homem de perfil ariano. Celso acredita dever criar um mestiço sentado. Roquette-Pinto escreve ao ministro dizendo que jamais o homem brasileiro poderia ser representado sentado, mas sim em movimento. Diante do impasse, Drummond suspende o trabalho.

94 CUNHA. *Op. cit.*

> Tenta-se Ernesto de Fiori. Também não dá certo. Drummond pede a Mário de Andrade que consiga de Brecheret a criação do tal homem. Mário se reconhece incapaz de insistir na encomenda, e o artista, de criá-la. Enfim o edifício é inaugurado em 1945 sem a estátua do "Homem Brasileiro", impossível de ser representado. Na parte da frente do edifício, o conjunto "Monumento da Juventude", de Bruno Giorgio, dá conta do recado.[95]

Gustavo Capanema Filho (1900-1985), que foi o Ministro da Educação que mais tempo permaneceu à frente da Pasta até os dias de hoje (sua gestão foi entre 23 de julho de 1934 e 30 de outubro de 1945), foi um político mineiro que não apenas promoveu reformas essenciais à modernização da educação e da saúde pública no Brasil, mas também inovou em vários aspectos, como na decisão de convidar para os quadros do serviço público brasileiros de grande envergadura intelectual.

Esse grupo de intelectuais hoje em dia é conhecido como Constelação Capanema: "Se já não é possível falar da educação e da cultura no Brasil sem fazer menção a Gustavo Capanema, ministro da Educação entre 1934 e 1 945, tem sido igualmente impossível lembrar aquele ministério sem aludir aos intelectuais que compuseram a assim chamada constelação Capanema".[96] Sobre o citado grupo:

> Nas letras e nas artes plásticas, Capanema procurou colocar-se acima das disputas políticas e ideológicas que agitavam o país. Assessorado por seu chefe de gabinete, o poeta Carlos Drummond de Andrade, cercou-se de uma equipe diversificada, integrada, entre outros, por Mário de Andrade, Cândido Portinari, Manuel Bandeira, Heitor Villa-Lobos, Cecília Meireles, Lúcio Costa, Vinícius de Morais, Afonso Arinos de Melo Franco e Rodrigo Melo Franco de Andrade.[97]

Apesar da presença de tantos intelectuais, não se pode esquecer que Vargas era ditador (pelo menos a partir de 1937), e tal situação sempre foi cobrada a Drummond, que, a essa altura, já era um poeta com nítida preocupação social e simpatizante do comunismo:

---

[95] Informações obtidas na reportagem *Um funcionário exemplar*, de Beatriz Resende, publicada em 27 de outubro de 2002 na *Folha de S.Paulo*. Disponível em: https://www1.folha.uol.com.br/fsp/mais/fs2710200217.htm. Acesso em: 12 abr. 2025.

[96] BOMENY. *Op. cit.*, p. 15.

[97] Informações obtidas no documento *Gustavo Capanema*, da Fundação Getulio Vargas (FGV), disponível em: https://cpdoc.fgv.br/sites/default/files/verbetes/primeira-republica/CAPANEMA,%20Gustavo.pdf. Acesso em: 12 abr. 2025.

O que torna mais complexa a cena é que no mesmo período Drummond trabalhava como chefe de gabinete no Ministério da Educação e Saúde, e esta poesia militante foi produzida dentro de uma repartição pública que estava ligada ao governo ditatorial afinado com o fascismo e eminentemente anticomunista. Enquanto seus contemporâneos estrangeiros viviam literalmente nas trincheiras – Miguel Hernandez morreu na prisão logo após a Guerra Civil Espanhola – o mineiro estava à sombra do poder. Conforme observou Antônio Candido: "O chefe de gabinete do ministro da Educação viveu, no exercício das funções, a fase mais ativa de sua militância intelectual de poeta comprometido com ideias de esquerda" (CANDIDO, 1993, p. 23). O poeta sempre creditou sua permanência no cargo à fidelidade ao ministro Gustavo Capanema, seu amigo de infância. Uma explicação excessivamente simplista, mas da qual não iremos discordar. Por outro lado, para compreender como foi possível que uma ditadura claramente anticomunista mantivesse em seus quadros um poeta cujos versos eram inspirados por esta doutrina, é preciso entender a postura de Drummond e a natureza deste regime, proposta do presente trabalho. Segundo Candido, "os governos são mais ou menos elásticos quanto à liberdade de pensamento dos funcionários, de acordo com uma equação instável na qual se equilibram os seus interesses de segurança e a necessidade de recrutar quadros burocráticos capazes" (CANDIDO, 1993, p. 24).[98]

Sobre a relação da intelectualidade progressista brasileira com o governo Vargas e com a gestão do Ministro Gustavo Capanema, com destaque para a situação de Drummond, convém registrar a opinião de Dênis de Moraes, principal biógrafo de Graciliano Ramos:

> A ampla maioria dos intelectuais integrava-se à máquina estatal sem qualquer prerrogativa de definir políticas públicas, nem formulavam os discursos do regime. "Ninguém defendia o Estado Novo; eram colaborações literárias, crônicas, resenhas", atestou o jornalista Joel Silveira. Com sabedoria, Antonio Candido separou os intelectuais que "servem" dos que "se vendem", para que não surjam juízos apressados sobre casos distintos de atuação na órbita do poder: "Conviria acentuar mais que um Carlos Drummond de Andrade "serviu" o Estado Novo como funcionário que já era antes dele, mas não alienou por isso a menor parcela da sua dignidade ou autonomia mental. Tanto assim que as suas ideias contrárias eram patentes e foi como membro do gabinete do ministro Capanema que publicou os versos políticos revolucionários de Sentimento do mundo e compôs os de A rosa do povo. (...) Outros que nem

[98] BORTOLOTI, Marco Marcelo. Drummond nos tempos de Capanema. *Revista Terceira Margem*, v. 25, n. 46, p. 260, 2021. Disponível em: https://revistas.ufrj.br/index.php/tm/article/view/35246/23594. Acesso em: 12 abr. 2025.

> vale a pena nomear, para poderem repousar com menos infelicidade no seio de Deus, eram pura e simplesmente vendidos, sem alma nem fé". Não se deve menosprezar a ambiguidade do próprio governo. Se desejasse dissolver os grupos esquerdistas e liberais que gravitavam em torno do ministro Gustavo Capanema, bastaria a Getúlio Vargas consultar os fichários da polícia política para exonerar toda a assessoria do MEC. Óbvio que lhe interessava uma aproximação tática com a intelectualidade progressista. De uma forma ou de outra neutralizava diatribes e garantia maior legitimidade às ações governamentais no campo cultural. A convivência dos contrários era facilitada pelo clima de abertura proporcionado por Gustavo Capanema: o acesso a seu gabinete prescindia de atestado ideológico.[99]

Carlos Drummond de Andrade passaria toda a vida tendo que dar explicações sobre sua relação com o regime ditatorial de Getúlio Vargas. Nesse sentido, já se afirmou que "poucos despertaram tanta indagação (e foram tão instados a 'explicar-se') sobre a aproximação com o regime autoritário quanto o poeta Carlos Drummond de Andrade, a ponto de não se poder fazer menção ao mais notório ministério do regime Vargas sem a lembrança inconfortável do fiel e permanente chefe de gabinete do ministro Capanema ao longo dos 11 anos em que permaneceu no cargo".[100]

Todavia, há vários episódios que demonstram como Drummond, mesmo inserido em um contexto administrativo marcado por um governo ditatorial, procurava atuar em prol de valores humanistas. Uma dessas situações aconteceu quando o escritor Graciliano Ramos foi libertado da prisão política de Vargas e se encontrava em grave dificuldade financeira. Foi o poeta mineiro quem lhe conseguiu um emprego público no próprio Ministério da Educação: "Um anjo da guarda lhe estendeu a mão. Sabendo dos problemas, Carlos Drummond de Andrade conseguiu com Capanema a sua nomeação para inspetor de estabelecimentos de ensino secundário do Distrito Federal".[101]

Longe de sua terra natal e com uma numerosa família para alimentar (o escritor alagoano tinha oito filhos), Graciliano Ramos acabou

---

[99] MORAES, Dênis de. Graciliano Ramos – a lição ético-política. *A terra é redonda*, 23 out. 2022. Disponível em: https://aterraeredonda.com.br/graciliano-ramos-a-licao-etico-politica. Acesso em: 12 abr. 2025.

[100] BOMENY. *Op. cit.*, p. 21.

[101] MORAES, Dênis de. *O Velho Graça. Uma biografia de Graciliano Ramos*. São Paulo: Boitempo, 2012. p. 171.

aceitando o emprego,[102] mas, em carta à sua esposa, Heloísa, registrou o mal-estar que sentia em conviver com seus algozes; sobre o encontro casual com Capanema no elevador do Ministério da Educação, comentou: "Zé Lins acha excelente a nossa desorganização, que pode mandar para a Colônia o sujeito que falou com o ministro".[103]

Em outro episódio que demonstra como Drummond sentia repulsa pelos comportamentos autoritários, ele apresentou um pedido de demissão, prontamente negado por Capanema, quando se recusou a assistir à conferência de Alceu Amoroso Lima contra o comunismo.

Também convém destacar que Carlos Drummond de Andrade era um servidor extremamente eficiente e útil às causas em que acreditava:

> Drummond era um monstro de correção e rigor burocrático, tornando-se responsável por quase toda a condução administrativa do ministério, levando-o a assumir funções quase impensáveis, como por exemplo ter se haver com o problema então meio catastrófico da falta d'água no Rio (o ministério abrangia educação, saúde e abastecimento de água).[104]

Para o leitor ter uma ideia de como o poeta mineiro era dinâmico e influente em sua atuação burocrática, em 1945, quando da morte de seu amigo Mário de Andrade, "incumbido de arrumar um avião do governo que pudesse levar alguns amigos cariocas para o enterro em São Paulo, Drummond passa o dia entre contatos com o gabinete da Presidência e o Ministério da Aeronáutica".[105]

Ademais, tinha razão Simon Schwartzman quando, ao comentar a participação de Carlos Drummond de Andrade no Estado Novo, afirmou que "explicar a presença incômoda de Drummond neste ministério por simples razões de amizade, ou dizer que sua atuação foi simplesmente burocrática e administrativa, é fazer pouco de sua inteligência e seus valores".[106]

Deve ainda ser lembrado que "Drummond não exerceu apenas a chefia do gabinete de Capanema, mas também foi por este nomeado

---

102 *Vide* CARVALHO, Fábio Lins de Lessa. *Graciliano Ramos e a administração pública. Comentários a seus relatórios de gestão à luz do Direito Administrativo moderno.* Belo Horizonte: Fórum, 2017.

103 CANÇADO. *Op. cit.*, p. 159.

104 *Ibidem.*

105 *Ibidem*, p. 193.

106 SCHWARTZMAN, Simon. A transição mineira. *In*: IGLESIAS, Francisco. *História, política e mineiridade em Drummond.* Rio de Janeiro: Fundação Cultural Banco do Brasil, 1990. p. 2.

a outros cargos de igual relevância, como a direção do Departamento Nacional de Educação. Enquanto esteve neste cargo, Drummond presidiu o Conselho Nacional de Educação".[107]

Apesar de discreto e reservado, é indiscutível a relevância das atividades administrativas exercidas por Drummond no âmbito do Ministério, o que pode ser aferido nas seguintes considerações:

> A presença de Drummond é mais silenciosa, mas nem por isso mais alheia. Presença recatada, nas raras e sempre enviesadas aparições públicas, e silenciosa, na ausência de cartas – "a minha incurável incapacidade epistolar". Mas a maneira como alguns missivistas se referem ao poeta chefe de gabinete nas cartas dirigidas ao ministro indica a intimidade, a naturalidade com que acabou se instalando naquela rotina de procedimentos na gestão política. Os intelectuais, arquitetos e literatos que escreviam a Capanema incluíam o "Carlos" como uma extensão do ministro: "Apenas lhe peço para avisar por uma palavrinha sua ou a do Carlos..." (Mário de Andrade); "peça ao Carlos que me explique o que você quer..." (Mário de Andrade); "meu caro Capanema: um abraço para você, outro para o Carlos..." (Gilberto Freire). Com destreza e quase espontaneidade, Drummond cumpria o trajeto da geração de oficiais-de-gabinete.[108]

Se é possível afirmar que Drummond foi fundamental para a atuação do Ministério da Educação e Saúde Pública, também se pode dizer que suas atividades administrativas, que envolviam a redação de vários documentos oficiais (como despachos, minutas, cartas, portarias etc.), lhe foram úteis para o desenvolvimento de sua escrita. Nesse sentido, "os tempos de ministério foram aqueles em que aprimorou seu talento de 'escriba'".[109]

2.2.2 No Serviço do Patrimônio Histórico e Artístico Nacional – 1945-1962

Com a aproximação do fim do regime ditatorial de Vargas e a reabertura democrática, Drummond sentia que precisava vivenciar cada vez mais suas ideias políticas socialistas – parcialmente sufocadas,

---

[107] RODRIGUES, Leandro Garcia. *A Correspondência de Carlos Drummond de Andrade e Alceu Amoroso Lima*. Texto publicado no sítio eletrônico CDV, disponível em: https://centrodomvital.com.br/a-correspondencia-de-carlos-drummond-de-andrade-e-alceu-amoroso-lima. Acesso em: 12 abr. 2025.

[108] BOMENY. *Op. cit.*, p. 29.

[109] *Ibidem*, p. 24.

ao ter que integrar o Estado Novo. Parcialmente porque, se em sua poesia seu pensamento social e progressista já era manifestado, no campo administrativo, ainda era tolhido por razões funcionais. Assim, sua longa permanência como chefe de gabinete do Ministro Gustavo Capanema finalmente seria concluída:

> No dia 14 de março Drummond entregaria sua carta de demissão a Gustavo Capanema. Com a volta da atividade política no país, Drummond não consegue mais esperar: o seu desejo de "militar" contra o ditador (a expressão é dele próprio) desta vez é maior do que ele. Gustavo Capanema parece compreender: ele se despede do chefe de gabinete oferecendo-lhe um exemplar de *Memórias póstumas de Brás Cubas,* ilustrada com águas-fortes de Portinari.[110]

Assim, Drummond deixou o trabalho do Ministério da Educação e Saúde Pública para se dedicar ao jornalismo, à criação da União dos Trabalhadores Intelectuais (UTI), a conhecer o líder comunista Luís Carlos Prestes e a trabalhar em um jornal comunista. Esta última experiência (a partir de maio de 1945) não seria duradoura, frustrando o poeta:

> Drummond continuava com ânimo para a luta. Em 1º de maio, aceitou o convite de Prestes para ser um dos diretores do recém-criado Tribuna Popular. Ele vestiu a camisa e, logo na edição de estreia, assinou um longo e laudatório artigo sobre Prestes. O poeta trabalhou por exatos 30 dias até começar a se sentir desconfortável na função. "Dos cinco diretores ostensivos, parece que somente dois o são de fato, mas não consigo estabelecer contato positivo com eles. Sem troca de ideias, sem orientação, as poucas coisas que redijo têm destino incerto", anotou no diário.[111]

Poucos meses após de ter atendido ao convite de Luís Carlos Prestes e atuado como codiretor do diário comunista *Tribuna Popular,* Drummond se afastou do periódico "por discordar da orientação do jornal".[112]

---

[110] CANÇADO. *Op. cit.*, p. 194.

[111] BORTOLOTI, Marco Marcelo. Drummond e o Partido Comunista. *Blog IMS,* 13 mar. 2013. Disponível em: https://blogdoims.com.br/drummond-e-o-partido-comunista-por-marcelo-bortoloti. Acesso em: 12 abr. 2025.

[112] Informações obtidas no sítio eletrônico *Carlos Drummond de Andrade,* disponível em: https://www.carlosdrummond.com.br/conteudos/visualizar/Cronologia. Acesso em: 12 abr. 2025.

Com o fim do Estado Novo, surgiu um novo convite para Drummond voltar à Administração Pública Federal. Mais uma vez, os amigos reconheceriam sua importância, lealdade e eficiência. Agora, as figurais fundamentais eram Rodrigo Melo Franco de Andrade e Mario de Andrade, responsáveis pelo SPHAN:

> Em 1936, o ministro da Educação e Saúde, Gustavo Capanema, aprovou o projeto de Mario de Andrade, que propôs a criação do Serviço do Patrimônio Histórico e Artístico Nacional (SPHAN). Mario dirigia o Departamento de Cultura da Prefeitura de São Paulo e indicou, ao ministro, o nome de Rodrigo Melo Franco de Andrade para a direção do SPHAN, que seria consolidado pelo Decreto-Lei n. 25, de 30 de novembro de 1937. Desde abril de 1936, estava sendo organizado o que seria SPHAN e elaborada a legislação para criação da instituição, por Rodrigo e Mario de Andrade.[113]

Ainda sobre a atuação dessa dupla de brasileiros abnegados pela causa da cultura e responsáveis pela criação do principal órgão de proteção ao patrimônio cultural no Brasil (atualmente chamado de Iphan):

> Mário de Andrade e Rodrigo Melo Franco de Andrade ficaram indissociavelmente ligados ao estabelecimento de um projeto de preservação do patrimônio histórico e artístico nacional. Em certo sentido, é possível aproximar a avaliação que os intelectuais formularam a respeito da arquitetura no Brasil de Capanema da avaliação que acabou prevalecendo sobre a construção de um órgão especial para cuidar do patrimônio, ambos os projetos ligados ao que ficou consagrado como iniciativas do Estado em favor da modernização do país e da valorização da cultura nacional. Carlos Drummond deu suporte a todas as áreas envolvidas na política ministerial, mas ficou mais associado a esse grupo de intelectuais que se mobilizou nessas duas áreas mencionadas. Inclusive, concluídas as funções no ministério, Drummond permaneceu, até a aposentadoria, no Serviço de Patrimônio Histórico e Artístico Nacional (Sphan).[114]

Se Capanema foi responsável por uma "constelação" no Ministério da Educação e Saúde Pública, Rodrigo Melo Franco de Andrade

[113] *Vida e Obra*: Rodrigo Melo Franco de Andrade (1898-1969), texto publicado no sítio eletrônico do Instituto Nacional do Patrimônio Histórico e Artístico Nacional (Iphan), disponível em: http://portal.iphan.gov.br/noticias/detalhes/481/vida-e-obra-rodrigo-melo-franco-de-andrade-1898-%E2%80%93-1969. Acesso em: 12 abr. 2025.

[114] BOMENY. *Op. cit.*, p. 31.

não ficou atrás, já que, durante os trinta anos em que comandou o SPHAN, contou com a colaboração de grandes nomes da intelectualidade brasileira:

> Entre os inúmeros colaboradores diretos e indiretos de Rodrigo, na primeira fase da instituição, estão importantes nomes brasileiros, como Oscar Niemeyer, Luiz de Castro Faria, Sérgio Buarque de Holanda, Heloísa Alberto Torres, Vinícius de Morais, Gilberto Freyre, Carlos Drummond de Andrade, Renato Soeiro e Lúcio Costa. Da equipe de profissionais – fiéis companheiros – destacam-se Lúcio Costa, Renato Soeiro, Carlos Drummond de Andrade, Lígia Martins Costa, Sílvio Vasconcelos, Augusto Carlos da Silva Teles, Alcides da Rocha Miranda, José de Sousa Reis, Edson Motta, Judith Martins, Paulo Thedim Barreto, Miran de Barros Latif, Luís Saia, Airton Carvalho, Edgar Jacinto da Silva e outros. Durante 30 anos, na direção-geral do SPHAN, Rodrigo consolidou os ideais de proteção e preservação do patrimônio histórico e cultural brasileiro. Esteve à frente – de 1937 a 1967 – da instituição de proteção ao Patrimônio Cultural Brasileiro e, após a aposentadoria, em 1967, integrou o Conselho Consultivo do SPHAN, onde permaneceu até a sua morte, em 11 de maio de 1969".[115]

O advogado, jornalista e escritor mineiro Rodrigo Melo Franco de Andrade (1898-1969) foi um dos grandes nomes do serviço público brasileiro de todos os tempos, tendo permanecido à frente do SPHAN entre 1939 e 1967:

> Rodrigo Melo Franco de Andrade, que trocou a sua carreira e vocação de escritor pela criação de uma toda uma ética do funcionário público, era o homem, num meio vaporoso como o do serviço público, do *faça a coisa certa*. Esteve à frente do Patrimônio desde 1939, quando o órgão foi criado experimentalmente com o objetivo de proteger o acervo cultural e artístico nacional, então completamente desamparado. A vontade política tinha partido do próprio Rodrigo Melo Franco, que arrancou do Ministro da Educação, Gustavo Capanema, autorização para criar o *serviço de patrimônio histórico*. A inspiração, o espírito e a própria ideologia do órgão vieram de suas longas conversas com Mário de Andrade.[116]

---

[115] *Vida e Obra*: Rodrigo Melo Franco de Andrade (1898-1969), texto publicado no sítio eletrônico do Instituto Nacional do Patrimônio Histórico e Artístico Nacional (Iphan), disponível em: http://portal.iphan.gov.br/noticias/detalhes/481/vida-e-obra-rodrigo-melo-franco-de-andrade-1898-%E2%80%93-1969. Acesso em: 12 abr. 2025.

[116] CANÇADO. *Op. cit.*, p. 223.

Em um primeiro momento, "Drummond foi responsável o responsável pela organização dos arquivos, organizando e indexando o material para facilitar as pesquisas e buscas por informações".[117] Posteriormente, o poeta mineiro se tornou chefe da Seção de História, na Divisão de Estudos e Tombamento do SPHAN.

Na realidade, sobre a atuação de Carlos Drummond de Andrade no citado órgão, ele "era o terceiro ou o quarto na hierarquia do Patrimônio. Formalmente seu cargo era de chefe na Seção de História na Divisão de Estudos e Tombamento. Mas, na prática, ele foi durante quase vinte anos chefe do arquivo".[118]

A propósito, essa atividade de organização de arquivos já era realizada por Drummond em sua vida pessoal, já que o poeta colecionava cartas, fotos, documentos e recortes de reportagens divulgadas na imprensa. Sobre esse hábito e o perfeccionismo do poeta, vê-se que tudo isso foi fundamental para a preservação da história brasileira:

> É o mesmo tipo de organização que há no seu arquivo pessoal, hoje em poder do neto Pedro Augusto, no qual, em envelopes titulados, assinalados e catalogados com um capricho até fantasista (ou nomes escritos em capitulares e com lápis hidrocor), há como que as narrativas fotográficas da vida de uma pessoa – a de Maria Julieta é extensíssima –, de um lugar, de um autor etc. Da mesma forma, o arquivo do Patrimônio, milhares de envelopes com fotos, recortes de jornal, pareceres, artigos especializados, informações sobre uma igreja, um bairro, uma cidade, um artista, uma imagem, um engenho, é hoje praticamente a memória profunda da atividade de conservação do acervo histórico no Brasil.[119]

Na crônica *Rendição de guarda*, escrita quando Rodrigo Melo Franco de Andrade deixou o comando do órgão, em 1967, o poeta fala da importância e das dificuldades do trabalho de guarda do patrimônio cultural nacional:

> Duas ou três mesas e cadeiras, um arquivo de aço, dinheiro nenhum, e muita coragem silenciosa para agir em termos nacionais, pesquisando, descobrindo, inventariando e recuperando o acervo disperso, oculto, desfigurado, em ruínas (...) A DPHAN existe, e goza de conceito

---

[117] Informações obtidas no texto "Carlos Drummond de Andrade, um poeta mineiro de rara sensibilidade", publicado em 7 de novembro de 2020 no sítio eletrônico BN Digital Brasil, disponível em: https://bndigital.bn.gov.br/artigos/literatura-carlos-drummond-de-andrade-um-poeta-mineiro-de-rara-sensibilidade. Acesso em: 12 abr. 2025.

[118] CANÇADO. *Op. cit.*, p. 224.

[119] *Ibidem.*

internacional, embora em alguma cidade no interior de Minas ou da Bahia o senhor prefeito Fulustruca dos Bigodes teime em desrespeitar a ação do Patrimônio.[120]

Drummond permaneceria na DPHAN até sua aposentadoria, em 1962. A carreira do poeta no serviço público, iniciada na década de 1920, chegaria à década de 1960.

Cabe ainda o registro de que Drummond atuaria na Rádio Ministério da Educação. Na cronologia disponível no *site* oficial do poeta, consta a seguinte informação: "1963 – Inicia o programa Cadeira de Balanço, na Rádio Ministério da Educação".[121] Em 1966, Drummond lançaria seu terceiro livro de crônicas, que teve como título o nome do citado programa de rádio.

Sobre as razões que levaram Drummond a solicitar sua aposentadoria aos 60 anos, vemos mais um pouco da personalidade e do caráter do poeta:

> Mais do que os 35 anos de serviço público, pesaram para a sua decisão de se aposentar algumas pequenas contrariedades surgidas quase todas de forma um pouco alucinada e autoritária com que Jânio Quadros se imiscuía na vida do funcionalismo federal. Drummond, que viera de uma outra época e de uma outra cultura do serviço público, tinha ficado inconformado, por exemplo, com o novo horário de trabalho dos servidores, que passara a ser de dois expedientes com duas horas para almoço. Vira na sua repartição a maioria dos funcionários, que morava em bairros distantes e também não tinha dinheiro para comer nos restaurantes, ficar vagando por suas horas pelo centro da cidade, com fome e sem ter o que fazer.[122]

E qual era a condição financeira que a aposentadoria no serviço público proporcionou a Drummond? A resposta pode ser encontrada no relato do biógrafo José Maria Cançado:

> Outro convite, vindo de outra área, mas tão inesperado como a da embaixada americana, foi a feito a Drummond nessa época. Era o

---

[120] ANDRADE, Carlos Drummond de. Crônica *Rendição de guarda*, publicada no jornal *Correio da Manhã* em 28 de junho de 1967. Disponível em: https://memoria.bn.gov.br/docreader/DocReader.aspx?bib=089842_07&pagfis=83449. Acesso em: 12 abr. 2025.

[121] Informações obtidas no sítio eletrônico *Carlos Drummond de Andrade*, disponível em: https://www.carlosdrummond.com.br/conteudos/visualizar/Cronologia. Acesso em: 12 abr. 2025.

[122] CANÇADO. *Op. cit.*, p. 283.

> chamado convite e tanto: uma das diretorias da Light. Drummond recusou na hora: "Eles precisam é do meu nome", mandou dizer. O salário de diretor da Light, que acabara de recusar, ele sabia, iria lhe trazer larguezas que a aposentadoria, a colaboração no Correio da Manhã e os pedidos eventuais de texto (os para a revista Mundo Ilustrado eram os mais frequentes) lhe vedavam completamente. Embora o novo apartamento para o qual tinham mudado fosse um daqueles padrão classe média da Zona Sul, não havia folga no cotidiano econômico do caso. Dava para o gasto.[123]

Após a apresentação da trajetória de Drummond no serviço público, a partir do relato de seus contemporâneos, estudiosos e biógrafos, passaremos a expor ao leitor as impressões que o próprio poeta mineiro tinha sobre sua vida na administração pública e sobre a burocracia estatal.

Para tanto, serão analisadas algumas cartas que ele escreveu e recebeu, as anotações de seus diários e as entrevistas que concedeu durante toda a vida. Por fim, será investigada a presença das questões administrativas na obra de Drummond, com destaque para sua poesia e sua crônica.

---

[123] *Ibidem*, p. 287.

CAPÍTULO 3

O SERVIÇO PÚBLICO NAS CARTAS DE DRUMMOND

Drummond tinha uma relação especial com a escrita e com os papéis. Em entrevista concedida em 1980, confessou que guardava a correspondência que trocava com os amigos desde a década de 1920. "Tenho um papelório grande que me acompanha por longo e longo tempo. Cartas dos meus amigos de 1925 e das quais, de vez em quando, eu publico uma. Coisas que de pessoas que já morreram em que dão uma saudade."[124]

Graças a esse hábito, hoje em dia, é possível conhecermos as opiniões de Drummond sobre vários assuntos. Nessas cartas, cartões, telegramas e bilhetes, que atualmente são guardados como preciosidades, Drummond e os amigos fazem confissões, escrevem poemas, mantêm amizades (às vezes puramente epistolar) e mesmo utilizam "a correspondência como oportunidade ímpar para construção de conhecimentos, para formulação de ideias e teorias".[125]

De tão consciente da necessidade de preservação desses documentos, Drummond doou seu arquivo privado para a Fundação Casa de Rui Barbosa, mais especificamente para o Arquivo-Museu da Literatura Brasileira. Esse "arquivo cobre um período que vai de 1917 a 1989 e contém aproximadamente 12.282 documentos".[126]

[124] ANDRADE, Carlos Drummond de. Entrevista a Leda Nagle, veiculada no *Jornal Hoje* em novembro de 1980. *In*: ANDRADE, Carlos Drummond de. *Nova Reunião. 23 livros de poesia*. São Paulo: Companhia das Letras, 2015. p. 132.

[125] RODRIGUES. *Op. cit.*

[126] VASCONCELLOS, Eliane. *Correspondentes de Carlos Drummond de Andrade*. Disponível em: https://www.revistas.usp.br/manuscritica/article/view/177532. Acesso em: 12 abr. 2025.

Assim, "entre o palco e os bastidores, a correspondência vai preenchendo diferentes lacunas da nossa vida literária, possibilitando a compreensão de estilos e intenções, obras e os caminhos de criação, bem como ajuda na decifração de inúmeras problemáticas biográficas e pessoais que envolvem o universo pessoal dos artistas".[127]

Algumas trocas de correspondências que envolveram Drummond se tornaram famosas e são estudadas com afinco no meio acadêmico. Uma dessas situações envolve o poeta mineiro e o modernista Mário de Andrade. "Carlos Drummond de Andrade e Mário de Andrade mantiveram uma extensa correspondência, que se inicia em 1924 a partir de um encontro entre os dois em Belo Horizonte, e, embora tenha sido interrompida em alguns períodos, se estendeu até a morte de Mário, em 1945."[128] Nos arquivos de Drummond, constam, ao menos, 82 cartas, entre 1º de novembro de 1927 e 11 de fevereiro de 1945.[129]

Não se pode esquecer que "o epistolário entre Bandeira e Drummond é um tesouro inestimável, um caminho que nos leva a compreender não apenas a estética da poesia, mas também a humanidade que une seus criadores".[130] Foram encontradas 32 cartas, entre 1924 e 1958, trocadas entre os poetas Carlos Drummond de Andrade e Manuel Bandeira.[131]

Para que se perceba a relevância da análise dessas cartas e bilhetes, convém ressaltar que, em tempos em que não havia internet, a correspondência era um valioso instrumento de comunicação, inclusive para questões burocráticas. Nesse sentido, convém ressaltar que, nos tempos em que era chefe de gabinete do Ministro Capanema, Drummond recebia muitas cartas solicitando empregos públicos:

> O Ministério da Educação e Saúde foi um espaço particularmente fértil na distribuição de cargos de confiança e empregos técnicos. Segundo Miceli, dos 1173 cargos em comissão do Governo Federal em 1939, 35% pertenciam ao Ministério da Educação, 30% ao Ministério da Fazenda, 21% ao Ministério da Viação e 14% distribuídos entre os restantes. Além disso, o aumento das normas governamentais, dos sistemas de controle

[127] RODRIGUES. *Op. cit.*

[128] SANTIAGO, Silviano. As cartas Mário de Andrade e Carlos Drummond de Andrade. Disponível em: https://www.maxwell.vrac.puc-rio.br/16294/16294_5.PDF. Acesso em: 12 abr. 2025.

[129] VASCONCELLOS. *Op. cit.*

[130] Trecho retirado do texto "Cartas de Manuel Bandeira para Carlos Drummond", disponível em: https://prokitchen.com.br/cartas+de+manuel+bandeira+para+carlos+drummond-68748. Acesso em: 12 abr. 2025.

[131] VASCONCELLOS. *Op. cit.*

e inspeção e toda a concentração burocrática promovida pela gestão de Capanema tiveram como efeito gerar solicitações e pedidos de exceção dos mais variados (SCHWARTZMAN, 2000 p. 280). Drummond era o ponto de ligação entre os intelectuais e escritores modernistas e o ministério. Os documentos não dão testemunho de que o poeta tivesse algum poder de decisão sobre os cargos concedidos ou favores a serem atendidos. Mas sua correspondência guarda pedidos de boa parte da intelectualidade da época, com pleitos para si ou para conhecidos seus, das mais variadas naturezas. As cartas são autoexplicativas quanto à variedade de pedidos e as muitas possibilidades de remuneração que o ministério poderia proporcionar.[132]

Impressiona a quantidade de pedidos que Carlos Drummond de Andrade recebia dos amigos, sempre buscando favores da Administração Pública Federal: eram solicitadas nomeações para cargos públicos, remoções e transferências de funcionários públicos, aquisição de bens e serviços etc.

> Em 1935, o escritor mineiro Martins de Almeida escreveu:
> "Afinal, eu pretendo de você e do Capanema um modesto emprego que me dê pelo menos 800.000 mil por mês deixando-me tempo suficiente para a minha advocacia. Inspetoria no distrito ou em Niterói, censura cinematográfica ou teatral, adendo ao gabinete, qualquer torço enfim" (ALMEIDA, 1935).
> Em 1936, o jornalista Prudente de Moraes Neto solicitava:
> "Eu tinha tomado a liberdade de sugerir para a censura, o nome do Manuel [Bandeira], que me substituiria com vantagem sob todos os pontos de vista. Disse-me depois o Rodrigo, pelo telefone e muito rapidamente, que ele não podia ser designado, por ter já outra função aí. Mas, si compreendi bem, onde o impedimento?" (MORAES NETO, 1936).
> O gaúcho Érico Verissimo:
> "Aqui estou eu de novo para lhe falar no caso do meu primo, Franklin Veríssimo, portador desta. Terminou ele o primeiro ano de medicina aí no Rio, passando com média em todas as matérias. Estamos todos empenhados em conseguir a transferência dele para a Faculdade de Medicina de Porto Alegre. Para isso conto com você, com o seu conselho e o seu prestígio junto ao ministro" (VERÍSSIMO, 1940).
> O carioca Vinicius de Moraes:
> "Venho lhe amolar novamente com aquele meu velho protegido, o dr. Raimundo Lemos (que tem uma cara trágica e uma cabeça quase branca)

[132] BORTOLOTI. *Op. cit.*, 2021.

> que levei uma vez a você. Esse rapaz, coitado, velho amigo meu dos tempos de moleque de praia em Copacabana, está envelhecendo numa luta sórdida para se colocar "em algum lugar do Brasil" (MORAES, 1942).
>
> O também carioca Augusto Frederico Schmidt:
>
> "O portador desta, Eros Gonçalves Pereira, você já conhece; conversei com o Capanema (...) ele prometeu comprar um quadro do meu recomendado e ajudá-lo a fazer uma exposição. Creio que uma colocação, porém, seria o ideal. Você poderia conversar como Capanema sobre esse assunto?" (SCHMIDT, 1942).
>
> O linguista mineiro Aires da Mata Machado Filho, a propósito do livro Problemas da língua:
>
> "Fiz a edição por minha conta e risco, e bem grandes foram as despesas. Penso que o Instituto Nacional do Livro pode adquirir alguns volumes, para o seu serviço de bibliotecas. Peço-lhe que intervenha em meu favor, indicando-me o que devo fazer, burocraticamente falando, pra obter o que desejo" (MACHADO FILHO, 1941).

Essas solicitações vinham não somente da elite modernista da época, mas também de outros estratos sociais, incluindo amigos de Minas, políticos de toda ordem e familiares. Em agosto de 1934, Julieta Drummond de Andrade, mãe do poeta, lhe escreveu:

> "O portador deste é o Sr. Francisco Moreira da Silva, sobrinho que d. Mariquinhas (a minha lavadeira e muito amiga), que escreveu a mesma pedindo te apresentá-lo, o que você fizer para ele eu muito te agradeço" (ANDRADE, 1934).
>
> Se a distribuição de cargos e prebendas era uma atribuição do ministério, e mais particularmente do gabinete do Ministro, não quer dizer que ela se desse de forma desinteressada. Esta era uma moeda política muito bem administrada por Capanema. (...) inda que a princípio não participasse das decisões, Drummond estava muito próximo das atividades políticas e administrativas de Capanema. Na qualidade de chefe de gabinete, tinha de adotar uma postura de cumplicidade diante dos passos do ministro, já que redigia os despachos para que as ordens de Capanema fossem cumpridas.[133]

Em seguida, serão destacadas algumas das cartas que fazem parte da longa correspondência de Carlos Drummond de Andrade e que abordam questões relacionadas à trajetória do poeta no serviço público ou suas opiniões sobre o universo das repartições públicas

[133] *Ibidem.*

brasileiras. Tendo se correspondido ao longo de sua vida com mais de 1.800 pessoas,[134] a exposição que passaremos a realizar é apenas uma pequena amostra do valioso acervo do poeta.

3.1 Carta recebida do escritor Mário de Andrade (1924)

O jovem Carlos Drummond de Andrade tinha apenas 22 anos quando conheceu o escritor paulista Mário de Andrade (1893-1945), um dos grandes nomes do modernismo brasileiro. Essa amizade duraria duas décadas e foi regada por muitas cartas, já que o autor de *Pauliceia desvairada* manteve com o poeta mineiro uma longa troca de correspondências.

Em uma das primeiras cartas, Mário de Andrade dá a Drummond alguns conselhos, que, embora não sejam propriamente uma exortação ao serviço público no sentido jurídico-administrativo, podem ser entendidos como um convite à dedicação às causas públicas e ao povo brasileiro. Por essa razão, resolvemos incluir a seguinte carta neste livro. Segue um trecho da citada missiva:

> (...) Carlos, devote-se ao Brasil, junto comigo. Apesar de todo o ceticismo, apesar de todo o pessimismo e apesar de todo o século XIX, seja ingênuo, seja bobo, mas acredite que um sacrifício é lindo. O natural da mocidade é crer e muitos moços não creem. Que horror! Veja os moços modernos da Alemanha, da Inglaterra, da França, dos Estados Unidos, de toda a parte: eles creem, Carlos, e talvez sem que o façam conscientemente, se sacrificam. Nós temos que dar ao Brasil o que ele não tem e que por isso até agora não viveu, nós temos que dar uma alma ao Brasil e para isso todo sacrifício é grandioso, é sublime. E nos dá felicidade. Eu me sacrifiquei inteiramente e quando eu penso em mim nas horas de consciência, eu mal posso respirar, quase gemo na pletora da minha felicidade.[135]

Como não adianta falar e não fazer, o poeta, romancista, crítico de arte, cronista, jornalista, pesquisador, escritor e musicólogo Mário de Andrade, considerado um dos maiores intelectuais brasileiros, também foi servidor público. "Ele é considerado o primeiro Secretário de Cultura do Brasil por ter participado da criação e dirigido o Departamento de

---

[134] VASCONCELLOS. *Op. cit.*

[135] ANDRADE, Carlos Drummond de. *A lição do amigo. Cartas de Mário de Andrade a Carlos Drummond de Andrade.* 1. ed. São Paulo: Companhia das Letras, 2015. p. 21.

Cultura da cidade de São Paulo, em 1935, na gestão de Fábio Prado."[136] Ele também foi o responsável, ao lado de Rodrigo Melo Franco de Andrade, pela criação do projeto de preservação do patrimônio histórico e artístico nacional.

3.2 Carta recebida do Ministro Gustavo Capanema (1934)

Carlos Drummond de Andrade teve uma intensa relação de amizade com Gustavo Capanema, a qual remonta aos tempos de colegiais em Belo Horizonte. Conforme visto no capítulo anterior, Capanema foi chefe de Drummond em três diferentes oportunidades: na Secretaria de Interior de Minas Gerais, no Governo mineiro e no Ministério da Educação e Saúde Pública.

Em todas essas ocasiões em que trabalharam juntos, a troca de correspondência talvez não fosse tão necessária, diante do convívio quase diário entre os amigos. Não obstante, como se conheciam desde muito antes de estarem atuando juntos na administração pública e como continuaram se relacionando após a aposentadoria do poeta de Itabira, estão catalogadas 57 cartas remetidas por Capanema a Drummond, entre 1925 e 1977.

Em uma dessas cartas, remetida em 1934, assim que Gustavo Capanema foi nomeado para o cargo de Ministro da Educação e Saúde Pública, este revela toda sua confiança em Drummond:

> Meu caro Carlos,
> Estou ministro da Educação. Tenho diante de mim uma obra magnífica por fazer, mas cheia de dificuldades tremendas. Para realizá-las preciso ter comigo homens eficientes. Apelei hoje para você, quando lhe falei pelo telefone, porque não sei de outro homem da sua capacidade. Não seria minha intenção imobilizar você, com seu grande espírito por quatro anos, como meu secretário, trabalhando no meu gabinete. Você deve ir para coisas mais altas, correspondentes as tuas qualidades extraordinárias. Mas o que eu queria (o que estou querendo) de você é a sua colaboração por alguns meses, até o trabalho no ministério me seja familiar e que eu possa arranjar outra pessoa capaz. Se você não puder vir por alguns meses ao menos por alguns dias: estou com um número

[136] Informações retiradas do texto "Livro relata através de documentos, relatórios, cartas e fotos, o período em que o escritor foi servidor público", publicado no *site* da Univesp em 23 de novembro de 2015. Disponível em: https://univesp.br/noticias/mario-de-andrade-me-esqueci-completamente-de-mim-sou-um-departamento-de-cultura. Acesso em: 12 abr. 2025.

> de providências por tomar, mil expedientes, e não disponho aqui de uma pessoa para tudo isso. Você receberá aí o passe, terá aqui o hotel. Uma semana de ausência de Belo Horizonte não é coisa que não possa fazer (informo a você que o Rio está maravilhoso, o ar doce e brando, as ruas cheias de coisas bonitas, o mar tentador e a vida tripidante, elétrica e o mais que você sabe). Portanto, venha por uma semana, apenas para me ajudar a dar os primeiros passos. Depois você regressará. Quem sabe que não seria bom que você passasse aqui alguns meses? Há aqui magníficas Casas de Saúde, confortáveis, baratas ou caras, à vontade. A sua mãe se daria magnificamente com o clima, o ambiente, a mudança. Depois, você teria além dos vencimentos do gabinete os que os Diários Associados lhe pagariam pela sua colaboração nos jornais daqui. Hoje o Dário me falou nisso. Manifestou o desejo de seu trabalho aqui. Pense nisso. Você precisa passar alguns tempos no Rio. Mas seja como for, o que estou aqui a exigir de você é que você venha por uma semana. É uma pequena viagem que você vai fazer. Iremos juntos depois por aí, pois também eu viajarei para lá, uma semana depois da posse.
>
> Adeus, Seu Capanema[137]

Assim, vê-se que, buscando convencer Drummond a acompanhá-lo em sua ida ao Rio de Janeiro, Capanema registra que tinha plena convicção da capacidade de trabalho do amigo, que supunha que o cargo público oferecido poderia "imobilizar" a dedicação de Drummond à literatura e não imaginava que ficariam tanto tempo juntos no Ministério (onze anos).

3.3 Cartas enviadas ao Ministro Gustavo Capanema (1936-1937)

Apesar de trabalhar muito próximo ao titular do Ministério da Educação e Saúde Pública, o chefe de gabinete Carlos Drummond de Andrade também recorria às cartas para fazer a Capanema sugestões de medidas administrativas, como se vê nesta missiva de 1937:

> Sr. Ministro,
>
> Entre as manifestações de ordem cultural, promovidas por V. Excia., não é das menos interessantes a publicação de livros definidores da nossa evolução literária. Uma antologia dos poetas brasileiros da fase romântica já se publicou, e outra se elabora relativa à fase parnasiana. Simultaneamente, reeditam-se "Suspiros Poéticos e Saudades" de

137 VASCONCELLOS. *Op. cit.*

> Gonçalves de Magalhães enriquecidos de anotações críticas e filológicas, e desenvolvem-se outros empreendimentos editoriais destinados a marcar a presença do Ministério da Educação entre as fontes elaboradoras da nossa cultura. Há, nesse campo, um trabalho a realizar, e que ficaria bem ao Ministério tomar a si: a publicação da obra de Alphonsus de Guimaraens. Essa obra, na sua parte impressa, anda hoje perdida em livros esgotados, em que, a seu tempo, tiveram edições muito restritas. Outra parte, e grande, permanece inédita ou apenas recolhida em pequenos jornais do interior mineiro. Entretanto, sabe V. Excia. que Alphonsus de Guimaraens constitui um dos "casos" poéticos mais raros do Brasil, pela singularidade de seu lirismo e peculiaridade de sua expressão formal. (...)[138]

Conforme tratado no capítulo anterior, houve um episódio em que Drummond chegou a pedir demissão do cargo de Chefe de Gabinete de Capanema, ao não concordar em comparecer a uma palestra anticomunista proferida por Alceu Amoroso Lima no Ministério da Educação, em 1936.

Pelo relevante papel histórico do documento, merece ser destacado o trecho em que o poeta se justifica ao ministro e amigo Capanema:

> Meu caro ministro e amigo,
> Às 5 horas da tarde, subindo o elevador do ministério e cruzando com os colegas do gabinete que desciam para assistir à conferência do Alceu, fiz um rápido exame de consciência e verifiquei que eu não podia fazer o mesmo, ou antes, que eu não devia fazer o mesmo. Uma outra conclusão, logo, se impôs: não podem do participar de um ato público, promovido pela autoridade a que sirvo, e que visava afirmar, mais do que uma orientação doutrinária, um programa de ação do governo, eu não só deixava de servir a essa autoridade como lhe criava mesmo uma situação desagradável. É verdade que minha colaboração foi sempre prestada ao amigo (e só este, de resto, lhe perdoaria as impertinências deque costuma revestir-se), e não propriamente ao ministro e nem ao governo, mas seria impossível dissociar essas entidades e, se eu o conseguisse, isto poderia servir de escusa para mim, porém não beneficiaria ao ministro. É verdade, ainda, que não tenho posição à esquerda, senão apenas sinto

[138] Carta timbrada do MES enviada por Carlos Drummond de Andrade ao Ministro Gustavo Capanema, 21 de outubro de 1937. "A carta foi respondida pelo ministro em 25 de novembro de 1937 com a aprovação do presidente e com as despesas recorridas com os recursos de que trata o art. 111, da Lei nº 378 de 1937" (MENDONÇA, Geovani Lever de. *Um gauche nos trópicos*: a ação política de Carlos Drummond de Andrade no Ministério da Educação e Saúde Pública de 1934 a 1945. Disponível em: https://ppgedu.org/wp-content/uploads/2024/05/Dissertacao-Geovani-Lever-de-Mendonca.pdf. Acesso em: 12 abr. 2025.

por ela uma viva inclinação intelectual, de par com o desencanto que me inspira o espetáculo de meu país. Isso não impede, antes justifica, que eu me considere absolutamente fora da direita e alheio aos seus interesses, crenças e definições. Aí está a razão que me julguei impossibilitado de ouvir o meu amigo pessoal Alceu. Não tendo jamais escondido o que fica dito aí atrás, eu me vexaria de ocultá-lo agora que o art. 113 da Constituição é letra morta. Ora, a minha presença na conferência de hoje seria mais, talvez, do silenciar inclinações e sentimentos. Poderia ser tida como repúdio a esses sentimentos e inclinações. Por isso não fui ao Instituto. Não sei se você o terá notado. Outros, talvez, se lembrarão de chamar a sua atenção para o fato. E é prevendo isso que eu venho pô-lo inteiramente à vontade para qualquer gesto ou providência que lhe ocorra tomar. Receio muito que, por circunstâncias alheias à minha abstenção em matéria político doutrinária, eu acabe por desservi-lo. E isto eu não desejo por forma alguma. Daí esta carta, que tem o mais razoável dos propósitos: o de não permitir que, para não magoar o amigo, você ponha em risco a sua situação política e, mesmo, a sua moral em face ao governo. O amigo está intacto e continua a desejar-lhe bem. Dispensado o diretor de gabinete (e que irritante diretor de gabinete tem sido eu), você ainda conservará o amigo, teimoso e afetuoso, que o abraça fraternalmente.

Carlos, 25.01.1936[139]

Embora não mais voltassem a trabalhar juntos (o que aconteceu durante mais de doze anos), a admiração e o respeito entre os amigos de infância foram preservados durante toda a vida, como se vê nesta carta de Capanema:

Meu caro Carlos,
(...) Você foi sempre, aos meus olhos, não somente a extraordinária figura de sumo poeta e escritor, mas também (e esse é o ponto que me interessa repetir agora) mas também de um homem de superior feitio e conduta moral. (...)

Brasília, 18 de abril de 1974[140]

[139] Carta de Carlos Drummond de Andrade a Capanema. Arquivo CPDOC. 25.01.1936. *In:* MENDONÇA. *Op. cit.*

[140] Correspondência de Gustavo Capanema para Carlos Drummond de Andrade, 1974. *In*: MENDONÇA. *Op. cit.*

3.4 Carta enviada ao crítico literário Alceu Amoroso Lima (1936)

Crítico literário, escritor, professor, intelectual e líder católico brasileiro, Alceu Amoroso Lima, cujo pseudônimo era Tristão de Ataíde, entrou para a Academia Brasileira de Letras em 1935. Influente e respeitado, "em *Estudos* reuniu, em cinco séries, trabalhos de crítica datados do período 1927-1933, sendo considerado o crítico do modernismo".[141]

Foi bastante intensa a troca de correspondência entre "Carlos Drummond de Andrade e Alceu Amoroso Lima, o Tristão de Athayde. Trata-se de um importante e sintomático epistolário produzido ao longo de cinquenta e quatro anos, entre 1929 e 1983, ano da morte de Alceu".[142] As cartas versavam sobre os mais diversos temas, entre questões pessoais e profissionais. "Os principais temas tratados são crises de fé, crises existenciais, dúvidas em relação à vida, lançamento de livros, a produção intelectual de cada um e a forte amizade que os unia."[143]

Um dos períodos de trocas de correspondência entre os amigos ocorreu quando Drummond era chefe de gabinete de Capanema e Alceu lhe solicitava alguns favores administrativos.

> É neste momento e sob esta natureza que se desenvolve a segunda fase da correspondência entre Drummond e Alceu, uma prática epistolar mais burocrática e marcada por contatos rápidos, telegráficos e objetivos, todos visando empregos, funções e problemas legais do sistema federal de ensino via Ministério da Educação. Alceu via em Drummond a "ponte" certa para ter acesso direto a Capanema, numa cumplicidade de grandes amigos, com palavras objetivas. Por seu lado, Drummond também usava a mesma objetividade nas suas respostas e/ou comunicados (...) Ao levantarmos este acervo em específico, percebemos uma espécie de rede de contatos e pedidos de favores exercidos por Alceu Amoroso Lima sobre Carlos Drummond de Andrade. Eram pedidos os mais diversos, mas todos relacionados a problemas burocráticos do Ministério: dúvidas quanto à legislação educacional brasileira, pedidos de amigos para transferências entre instituições, nomeações, exonerações, concursos públicos etc. Tal fato se comprova ao pesquisarmos o

[141] Informação publicada no sítio eletrônico da Academia Brasileira de Letras, disponível em: https://www.academia.org.br/academicos/alceu-amoroso-lima-pseud-tristao-de-ataide/biografia. Acesso em: 12 abr. 2025.

[142] RODRIGUES. *Op. cit.*

[143] Informações obtidas no texto "Livro da Editora UFMG que reúne cartas trocadas por Drummond e Alceu Amoroso Lima será lançado nesta terça", publicada no sítio eletrônico da UFMG em 12 de janeiro de 2015, disponível em: https://www.ufmg.br/online/arquivos/036803.shtml. Acesso em: 12 abr. 2025.

conteúdo do arquivo de cartas de Alceu. São centenas de pastas de pessoas desconhecidas que escreviam a Alceu dos cantos mais recônditos do Brasil, especialmente das regiões Sul e Nordeste, pedindo a ajuda e a intervenção do mesmo junto ao Ministério da Educação, especialmente no sentido de solicitar remanejamento de cargo ou simplesmente pedindo algum tipo de emprego público – via nomeação – nos diversos setores ligados ao Ministério da Educação.[144]

No bilhete transcrito a seguir, vemos a resposta do poeta mineiro a um pleito do crítico literário fluminense em relação ao provimento de cargos públicos, que, naquele momento histórico, ainda era, em grande parte, dependente de decisões políticas:

> Rio, 30-10-36
> Meu caro Alceu,
> Por meu intermédio, você pediu há dias ao Ministro uma palavra de interesse em favor do sr. Alberto Cerqueira, candidato a protocolista do Tesouro. Essa palavra foi dada, numa carta ao Ministro da Fazenda. É o que tinha a comunicar-lhe, com um abraço cordial, o Carlos.[145]

Em outros casos, vê-se que as mensagens trocadas entre Drummond e Alceu tinham como objetivo resolver questões administrativas:

> Caro Alceu:
> O caso do prof. Augusto Lopes Pontes está na Comissão de Eficiência e, voltando ao Gabinete, será objeto dos meus melhores cuidados.
> Um abraço, muito cordial, do seu
> Carlos Drummond
> 10-2-37[146]

3.5 Carta ao Governador Milton Campos (1947)

Milton Soares Campos (1900-1972) foi um advogado e político conterrâneo e contemporâneo de Carlos Drummond de Andrade. Este chegou a afirmar: "Não sei de maior elogio a Milton Campos do que este: ele foi o homem que a gente gostaria de ser".[147]

---

[144] RODRIGUES. *Op. cit.*

[145] *Ibidem.*

[146] *Ibidem.*

[147] Trecho retirado do texto "Personagens e pioneiros da UFV", disponível em: http://www.personagens.ufv.br/?area=miltonSoares. Acesso em: 12 abr. 2025.

Na vida pública, Milton Campos foi Advogado-Geral de Minas Gerais (1932), Deputado Estadual e Membro da Constituinte Estadual Mineira (1934), Advogado da Caixa Econômica Federal – cargo do qual foi exonerado por ter assinado o "Manifesto dos Mineiros" (1944) –, primeiro Diretor-Presidente do Banco Nacional S.A., Governador do Estado de Minas Gerais (1947-1951) e Ministro da Justiça (1964-1965). Deste último cargo, demitiu-se por não concordar com a edição do Ato Institucional Número Dois.

Nos tempos de juventude, Milton Campos fez parte do grupo de jovens intelectuais mineiros, passando a conviver com personalidades como Carlos Drummond de Andrade, Afonso Arinos de Melo Franco e Gustavo Capanema.

Em 1947, quando Milton Campos iniciava a gestão como governador de Minas Gerais, recebeu uma carta do amigo Drummond. Pela leitura da missiva, constata-se que Drummond havia sido convidado por Campos para assumir dois cargos na Administração Pública mineira. A escolha ficaria por conta do poeta, que recusou os dois convites pelas razões a seguir:

> Agosto, 1
> Meu caro Milton:
> (...) Aqui estou eu, pois, meu caro Milton, na posição pouco confortável de amigo faltoso. O amigo diligente não ruminaria o assunto: acudiria sem perda de tempo. Eu, porém, julguei necessário proceder a um exame rigoroso de minhas atuais condições a fim de apurar com segurança se elas eram as mais adequadas para a colaboração que você precisa e merece ter na sua tarefa. E cheguei a uma conclusão negativa. As duas excelentes oportunidades com que você me acenou: o Departamento de Cultura e, agora, a Folha exigem sem dúvida uma atividade, uma dedicação e um esforço para os quais não me sinto muito habilitado a esta altura da vida. Na primeira, haveria a organização de um grande aparelho complexo e destinado a exercer uma atuação realmente viva no incremento às práticas artísticas e intelectuais; na segunda, é a direção de um jornal que precisa acompanhar também o dinamismo da imprensa de hoje, e assumir um papel na reconstrução geral da nossa Minas. Diante destas tarefas, você cogita por um burocrata e um jornalista igualmente desencantados por uma tarimba de cerca de 25 anos, sem o entusiasmo criador que elas estão pedindo, e com essa carência agravada pelo desenvolvimento de um processo psicológico de misantropia, que faz dele o menos apto para a multiplicidade de contatos que qualquer dessas funções exige. Devo acrescentar, nesta confidência, que minha curta passagem pelos arraiais políticos, naquele começo alvoroçado de

> 1945, operou em minha sensibilidade um choque tão violento que me fez perder todo o interesse pela vida pública (...)[148]

Apesar da negativa, Drummond manteve a amizade com Campos. Já a admiração pelo político só aumentou, como se verifica em uma frase do governador que o poeta mineiro inseriu em uma crônica de 1949, em que descreve os mineiros e o governo do qual acabou não fazendo parte: "O governo que ora se inicia procurará ser modesto como convém à República, e austero como é do gosto dos mineiros".[149]

3.6 Carta enviada ao Diretor do Minas Gerais Moacyr Assis Andrade (1949)

Moacyr Assis Andrade nasceu em 9 de novembro de 1897 em Queluz de Minas, atual Conselheiro Lafaiete. Na Imprensa Oficial do Estado de Minas Gerais, durante mais de três décadas, foi diretor, redator e revisor.

Em 1949, Drummond enviou carta ao Diretor do Minas Gerais para tratar de uma questão relacionada a seu vínculo funcional com o referido órgão público. Na citada missiva, lembra de outra, enviada três anos antes, em que o poeta havia solicitado os préstimos de Moacyr Assis Andrade para se abrigar "de novo à sombra da mangueira do 'Minas'". Drummond ressalta que "graças, pois, a sua eficiente solidariedade, pude equilibrar-me em dias um tanto difíceis, não só de precariedade material, como da consequente depressão psicológica, e assim me venho mantendo, à sombra da referida mangueira". Por fim, o poeta mineiro se apresenta ao Diretor do Minas Gerais "depois de tanto tempo de inércia bem remunerada":

> Meu caro Moacyr,
> Em abril ou maio de 1946, escrevi-lhe uma longa carta em que expunha minha situação de intelectual-burocrata assas desprovido de meios para a honesta subsistência, e pedia o seu apoio amigo para a minha pretensão de abrigar-me de novo à sombra da mangueira do "Minas". V. foi exemplar. Tomou logo as providências cabíveis, sugeriu-me outras, dispôs en-

[148] ANDRADE, Carlos Drummond de. *O observador no escritório*. São Paulo: Companhia das Letras, 2020. p. 85.

[149] Frase de Milton Campos inserida no texto "Espírito e sensibilidade dos mineiros", de Carlos Drummond de Andrade, publicado em *Leitura* em setembro de 1949. *In*: ANDRADE, Carlos Drummond de. *Autorretrato e outras crônicas*. São Paulo: Record, 2018. p. 44.

> fim as coisas para um desfecho feliz, que não tardou a concretizar-se. Graças, pois, a sua eficiente solidariedade pude equilibrar-me em dias um tanto difíceis, não só de precariedade material, como da consequente depressão psicológica, e assim me venho mantendo, à sombra da referida mangueira. Lembro-me de ter, então, pedido também uma coisa razoável: que me dessem serviço por aqui, a fim de que a benesse não fosse de todo descabida. Eu bem sabia que a parte editorial do nosso órgão era minguada, e que o "Minas" perdera de há muito aquele aspecto ameno de boletim de academia de letras, com poemas modernistas, crônicas humorísticas de Jair e outras perfumarias dos tempos do nosso saudoso Dr. Abílio. Contudo, parecia-me razoável que o apoio oficial a este magro poeta em uma hora de preocupações, não o deixasse de todo inativo, pachorrento ,a engordar com a boa vitamina do tesouro mineiro. Assim também seria demais. Voltei ao Rio e, à falta de instruções, pensei em escrever qualquer coisa, por iniciativa própria, para fazer jus à côngrua; mas depois a preguiça, os outros cuidados da vida e o ouvido natural de todas as boas intenções foram removendo o projeto para um dia X, distante no calendário. Justificava-me, talvez, pensando que em quase onze anos de labuta no gabinete do Capanema eu poderia ter acumulado vencimentos federais e estaduais – e não o fizera. Mas, afinal, uma coisa não tem nada a ver com a outra. E eis-me aqui, Moacyr amigo, depois de tanto tempo de inércia bem remunerada, a dar murros na consciência e a perguntar ao meu prezado redator-chefe: (...)
>
> Rio de Janeiro, 8 de fevereiro de 1949[150]

Nessa carta, Drummond revela seu pedido de ajuda ao amigo Moacyr ao sair do Ministério da Educação, uma vez que "estava preocupado com sua situação financeira e, de certa forma, se questiona por não ter acumulado dinheiro o suficiente para se manter depois de quase onze anos no Ministério. Este fato revela que sua presença na chefia do gabinete foi permeada por ética ao governo e à sociedade".[151]

3.7 Carta de Drummond recusando ser nome de praça (1984)

No final da vida, o octogenário Carlos Drummond de Andrade era celebridade no Brasil, especialmente se considerarmos que estamos falando de um poeta, e não de um cantor ou ator de televisão.

---

[150] MENDONÇA. *Op. cit.*

[151] *Ibidem.*

Essa condição de notoriedade, prestígio e reconhecimento público era apreciada com moderação pelo tímido mineiro, que não fazia questão dos holofotes da fama e da exposição midiática.

Todavia, isso não impediu que autoridades públicas tentassem prestar homenagens ao poeta, como em 1984, quando o prefeito do Rio de Janeiro, Marcelo Alencar, informou Drummond que iria homenageá-lo, dando o nome do poeta à pracinha formada pelo cruzamento da Av. Rainha Elizabeth (hoje da Bélgica) com a Rua Conselheiro Lafayete, onde Drummond vivia. Este protestou, por ser homenageado em vida, o que violaria a legislação.

Em 1990, após a morte de Drummond, o citado prefeito mandou colocar à direita da estátua do rei Alberto uma placa onde se lê: "Largo do Poeta" e, logo abaixo, "Homenagem da cidade ao poeta Carlos Drummond de Andrade".

Assim, fica para a história o exemplo de Drummond, que recusou a homenagem em carta ao vizinho Carlos Horcardes, comportamento ético que não parece ser o de tantos que buscam receber, dos entes públicos, reconhecimentos que violam a ideia de impessoalidade administrativa. A recusa do poeta mineiro hoje em dia se encontra gravada na praça, à esquerda da estátua do rei Alberto. Eis o teor da citada carta, bastante reveladora do caráter do poeta:

> Caro vizinho e xará Carlos Horcades.
> Achei excelente a ideia de "ressuscitar" a velha pracinha aqui perto de casa, onde havia o busto do Rei Alberto. É tão bom fazer reviver aspectos do Rio que o falso urbanismo veio descaracterizando ou destruindo. Não sou pessoa influente nos negócios de Estado, por isso minha opinião é mero pronunciamento de antigo morador do Posto 6. O que me causou espanto, contudo, foi ler no Globo que a pracinha terá o meu nome resumido no de minha família. Isso não. A lei proíbe homenagem a pessoas vivas para a identificação de logradouros públicos, e entendo que precisa ser respeitado. Além do mais, o lugar pertence de justiça ao Rei Alberto, muito mais herói do que este velho escriba...
> Grato pela atenção, o abraço e a simpatia de Carlos Drummond de Andrade.[152]

[152] Informações retiradas da reportagem Escultura de Drummond em Copacabana ganha óculos novos após mais um furto, publicada na revista *Exame* em 10 de outubro de 2022, disponível em: https://exame.com/brasil/escultura-de-drummond-em-copacabana-ganha-oculos-novos-apos-mais-um-furto. Acesso em: 12 abr. 2025.

A lei à qual Drummond se referia provavelmente é a Lei nº 6.454, de 24 de outubro de 1977, que "dispõe sobre a denominação de logradouros, obras serviços e monumentos públicos, e dá outras providências". Nos três primeiros artigos da citada lei, cuja redação foi alterada pela Lei nº 12.781/2013, está previsto que:

> Art. 1º É proibido, em todo o território nacional, atribuir nome de pessoa viva ou que tenha se notabilizado pela defesa ou exploração de mão de obra escrava, em qualquer modalidade, a bem público, de qualquer natureza, pertencente à União ou às pessoas jurídicas da administração indireta
>
> Art. 2º É igualmente vedada a inscrição dos nomes de autoridades ou administradores em placas indicadores de obras ou em veículo de propriedade ou a serviço da Administração Pública direta ou indireta.
>
> Art. 3º As proibições constantes desta Lei são aplicáveis às entidades que, a qualquer título, recebam subvenção ou auxílio dos cofres públicos federais.

CAPÍTULO 4

O SERVIÇO PÚBLICO NAS ENTREVISTAS DE DRUMMOND

Por ser tímido e discreto, Carlos Drummond de Andrade tinha a fama de ser arredio a entrevistas. De fato, o poeta mineiro resistia aos muitos convites que lhe eram feitos para falar sobre sua vida, sua poesia e outros temas, já que a palavra do grande poeta era muito estimada pelo público.

Não obstante, durante a vida, ele concedeu diversas entrevistas, que revelam acontecimentos e opiniões. Trata-se de um material extremamente relevante, não só para os pesquisadores, mas para o público em geral.

Nesse contexto, "é verdade que poderia haver alguma resistência em conceder as entrevistas, no entanto, após aceitá-las, Carlos Drummond se entregava, falava de sua vida pessoal, de questões literárias e políticas".[153]

Nas próximas páginas, serão destacadas entrevistas concedidas por Drummond desde a década de 1940 até o ano de sua morte, em 1987. O leitor perceberá que a maior parte das entrevistas foi concedida quando o mineiro já estava consagrado como o principal poeta brasileiro e se encontrava em idade avançada. Nessas entrevistas, serão destacadas as questões tratadas por Drummond que envolvem sua participação no serviço público e temas correlatos à administração pública.

[153] ANDRADE, Carlos Drummond de. Apresentação, por Larissa Pinho Alves Ribeiro. *In*: *Encontros Carlos Drummond de Andrade*. Organização: Larissa Pinho Alves Ribeiro. Rio de Janeiro: Azougue Editorial, 2011. p. 9.

4.1 Entrevista a Martins D'Álvarez (1941)

Ao ser indagado pelo jornalista Martins D'Álvarez (*A Gazeta*) sobre sua vida, o poeta ressalta como ela era comum, sem grandes acontecimentos. Nesse sentido, a presença da burocracia faria parte dessa vida ordinária:

> Você me pede que fale sobre minha vida e eu não me sinto inclinado a atendê-lo. Minha vida é simplesmente a única que me foi possível viver, e eu a tenho vivido a meu jeito, isto é, um pouco por imitação, outro por meditação e uma parte bem maior, deixada ao instinto. (...) Nem todo escritor nasce Knut Hansum ou pode realizar as maravilhosas experiências de Lord Byron ou Sherwood Andersen, por exemplo. A maioria sofre de asma ou reumatismo, assina o ponto na repartição, como Machado de Assis, e realiza, do berço à cova, uma parábola perfeitamente regulamentar e desenxabida (os rapazes de hoje dirão: chata).[154]

Todavia, para esta pesquisa, não há dúvida de que a parte mais interessante dessa entrevista ocorre quando Drummond, após fazer um longo relato sobre sua vida literária, com tantos livros de poesia e crônicas publicadas nos jornais, ressalta o papel fundamental do serviço público em sua trajetória. Mais que isso, com maestria, ele revela um sentido para a burocracia de que poucos se dão conta:

> Mas a grande produção, aquela que será a suma e a explicação de minha vida, consiste nos milhares de ofícios, cartas, cartões, papeletas, ordens de serviço, despachos e telegramas, com que, desde 1929, venho inundando os arquivos das repartições onde tenho trabalhado...Eis o traço fundamental da minha biografia. Um resumo estaria nas seguintes palavras: "Este foi burocrata". Entendia-se até há pouco tempo que a burocracia era inseparável de um formalismo rígido, de um gosto excessivo pelas fórmulas em si, e o burocrata um homem incapaz de afirmar ou negar qualquer coisa, porque atrás dele está a montanha de leis e regulamentos, e as leis e regulamentos provam tudo e não exprimem nada. Dedicando-se a esse mister, o homem renunciava assim ao que houvesse de particular no seu temperamento e desistia de qualquer consideração individual dos fatos a ele propostos. Entretanto, a verdade é que é possível ser burocrata com paixão e gastar neste como em qualquer outro gênero de vida toda a força de amar, de brigar, de sofrer e de ser feliz. Da burocracia tenho vivido e ela nunca me impediu de ser eu mesmo,

[154] *Idem*. Entrevista a Martins D'Álvarez, originalmente publicada em *A Gazeta* em dezembro de 1941. *In*: *Encontros Carlos Drummond de Andrade*. Organização: Larissa Pinho Alves Ribeiro. Rio de Janeiro: Azougue Editorial, 2011. p. 28.

em grande parte, é claro, pela profunda humanidade dos chefes com que tenho servido, entre eles Mario Casassanta e Gustavo Capanema, dois intelectuais típicos que não perderam na administração nenhuma das qualidades exemplares que os distinguiam quando simples estudantes. Com o primeiro trabalhei dois anos. Com o segundo trabalho há dez e a sua vida é para mim uma lição comovedora de simplicidade, pureza, dignidade, sem afetação, trabalho sem ênfase e sem esmorecimento e total esquecimento de si mesmo. Ter convivido com estes dois homens e mais meia dúzia de outros ficará sendo um dos poucos motivos justos de orgulho da minha vida.[155]

4.2 Entrevista a Geir Campos (1954)

Nessa entrevista concedida ao jornalista Geir Campos, da *Revista da Semana*, marcada por perguntas curtas e respostas rápidas, algumas informações importantes sobre o homem público Carlos Drummond de Andrade merecem ser destacadas:

> Geir Campos: Julga a vida moderna avessa à cultura, às letras e às artes?
> Drummond: Pelo contrário. Está cheia de sugestões à atividade intelectual, à pesquisa e à criação. Não acredito que o desequilíbrio econômico, a falta de tempo e a tecnização impeçam a vida da inteligência. A arte, por exemplo, nasce quase sempre de um constrangimento e é uma espécie de reação do indivíduo acuado.
> Geir Campos: Não receia então um esmagamento da pessoa humana, pela idade técnica?
> Drummond: Não receio nada, o homem ganha sempre.
> (...)
> Geir Campos: Gosta de política?
> Drummond: O menos possível...
> Geir Campos: É fato que pertenceu ao Partido Comunista?
> Drummond: Não. Namorei, mas logo vi que o casamento era inteiramente impossível.
> Geir Campos: Nunca pensou em candidatar-se a cargos eletivos?
> Drummond: Nunca, e no dia em que eu cair em tentação é favor não votarem em mim.
> (...)
> Geir Campos: Qual o maior problema do nosso país?
> Drummond: Ainda estamos na idade da fome.
> Geir Campos: E o maior problema do nosso tempo?

[155] *Ibidem.*

Drummond: E de todos os tempos: aquilo que Alain chamou "a luta do cidadão contra os poderes".
(...)
Geir Campos: Acha que o trabalho enobrece?
Drummond: Então somos todos marqueses...[156]

4.3 Entrevista a Fernando Sabino (1974)

Intitulada "Fala o poeta de nosso tempo", a entrevista concedida por Drummond ao amigo escritor e jornalista Fernando Sabino (1923-2004) estampou as páginas do *Jornal do Brasil* na edição que circulou em 22 de julho de 1974.

A relação entre Carlos Drummond de Andrade e Fernando Sabino já era cultivada há mais de trinta anos, como conta o poeta em carta ao amigo conterrâneo:

> Em 1943 foi que nos conhecemos, numa inquieta mesa de bar, em Belo Horizonte, à qual se sentavam também o Otto, o Paulinho, o Hélio, seus companheiros de geração. Eram distintas e irrefreáveis juventudes, em torno de um senhor já meio despido de ilusões literárias e que ainda assim, por tendência à contradição de espírito, as cultivava. Conhecer toda uma geração de vinte anos, numa noite, através de seus elementos que, sem sombra de dúvida, seriam os mais representativos, os mais ousados da faixa, foi oportunidade singular rara em minha vida. Nunca mais se repetiu. Depois, conheci pessoas isoladas, que me despertaram interesse humano ou intelectual, porém jamais um grupo inteiro, formado de quatro cavaleiros, não sei se da Távola Redonda ou do Apocalipse, pois de tudo vocês tinham um pouco, em mistura de sonho, desbragamento, fúria, ingenuidade, amor, pureza.[157]

O Otto mencionado na carta é Otto Lara Resende (1922-1992); o Paulinho é Paulo Mendes Campos (1922-1991); e o Hélio é Hélio Pellegrino (1924-1988). Todos vindos de Minas Gerais, os três intelectuais formavam com Fernando Sabino um grupo literário, apelidado por "Grupo dos Vintanistas", por estarem todos na faixa dos 20 anos (e porque eram da geração de 1920).

---

156 *Idem*. Entrevista a Geir Campos, originalmente publicada em *Revista da Semana* em setembro de 1954. *In*: *Encontros Carlos Drummond de Andrade*. Organização: Larissa Pinho Alves Ribeiro. Rio de Janeiro: Azougue Editorial, 2011. p. 67.

157 Trecho retirado da reportagem *Carta de Drummond a Fernando Sabino*, publicada no sítio eletrônico do *Diário de Minas* em 12 de outubro de 2023, disponível em: https://www.em.com.br/app/noticia/pensar/2023/10/12/interna_pensar,1575454/carta-de-drummond-a-fernando-sabino.shtml. Acesso em: 12 abr. 2025.

Na entrevista dada a Fernando Sabino, Drummond falou sobre a experiência na administração pública destacando, como de costume, a importância e o valor de Gustavo Capanema e Rodrigo Mello Franco de Andrade. No trecho a seguir, ressaltou como foi a transição de um anarquista para um funcionário público:

> Minha experiência no Ministério da Educação foi muito rica. Vim para o Rio com ideias de eficiência, energia, ordem, disciplina, que foram se dissipando diante do temperamento carioca: vi que não podia exigir dos outros mais que os outros estavam acostumados a dar. Depois de deixar o gabinete do Capanema, que era uma pessoa de extraordinária benevolência, aliada a uma grande visão de homem público, fui trabalhar com Rodrigo Melo Franco de Andrade, que me ensinou o macete do comportamento humano no Rio: tinha uma ânsia de perfeição que o acompanhou vida a fora e ao mesmo tempo a humildade de não exigir muito dos outros, mas de si próprio: fazia o trabalho de 30 pessoas, acabou se exaurindo nesse sacrifício. E eu, que no colégio havia me declarado anarquista! O que há é um grande contraste entre as minhas tendências naturais e a vida que levei, de burguês acomodado e calmo. Essa tendência contestatária não chegava ao ponto de romper com os vínculos que me ligavam à sociedade: o sentimentalismo familiar, os amigos mais ponderados, a necessidade de ganhar a vida fizeram com que eu fosse não um anarquista militante, mas um funcionário público.[158]

4.4 Entrevista a Zuenir Ventura (1980)

A revista *Veja* dedicou algumas importantes matérias sobre Carlos Drummond de Andrade, como a edição 478, de 2 de novembro de 1977, que o homenageou por seus 75 anos de idade, e a edição 990, de 16 de agosto de 1987, que tratou da morte do poeta mineiro.

Foi na edição de 19 de novembro de 1980 que o jornalista e escritor Zuenir Ventura, chefe da sucursal carioca da editora Abril e mineiro como Drummond, conseguiu uma entrevista com seu conterrâneo, publicada na revista Veja.

Na entrevista, Drummond é indagado sobre os mais diversos assuntos. "Tem-se no senhor uma imagem de pessoa inacessível", disse Ventura. Drummond então comentou como também, ao escrever suas crônicas, exerce sua cidadania:

---

158 ANDRADE, Carlos Drummond de. Entrevista a Fernando Sabino, publicada no *Jornal do Brasil* em 22 de julho de 1974. *In*: *Encontros Carlos Drummond de Andrade*. Organização: Larissa Pinho Alves Ribeiro. Rio de Janeiro: Azougue Editorial, 2011. p. 94.

> É verdade, mas a imagem também me parece um pouco injusta. Sou jornalista e jornalista é um homem que escreve em jornal, como diria Golias, o professor. Tenho uma coluna em que, quando quero emitir uma opinião política, emito. Ou uma conversa lírica, ou um devaneio. Sou cronista de segundo caderno, mas em meio às amenidades, me permito reclamar contra o excesso de generais que comandam o Brasil como o título de presidente da República, assim como me permito satirizar o Congresso, quando, em vez de trabalhar e de reivindicar as próprias prerrogativas, se torna um instrumento dócil ao governo. Quero reivindicar uma liberdade que conquistei com um preço bastante alto, que é dizer aquilo que eu quero dizer no momento em que me forçam a dizer. Isso porque eu já tive uma espécie de militância política de resultado pouco favorável.[159]

Em determinado ponto de conversa, Ventura pergunta: "Antes da militância, o senhor foi um elemento do Estado Novo, não?". Drummond responde:

> Nunca me considerei como tal e acho uma injustiça se dizer tal coisa. Vim para o Rio em 1934, para trabalhar com um amigo pessoal, do tempo do colégio, Gustavo Capanema. Em 1937 houve o golpe de Estado e Capanema continuou. Continuei a servir a ele da mesma maneira, não tinha a menor ligação com o Estado Novo. Vi o dr. Getúlio duas ou três vezes na vida. As minhas relações com o palácio eram burocráticas: eu preparava pastas para lá, recebia telefonemas e cumpria recomendações burocráticas, mas não tinha nada a ver com a política do governo.[160]

De imediato, Ventura indagou se seria verdade que Drummond seria uma espécie de "Golbery do Capanema". Diante de sua comparação com o General Golbery do Couto e Silva (1911-1987), Ministro Chefe do Gabinete Civil de dois presidentes da ditadura militar (Geisel e Figueiredo) e um dos principais teóricos da doutrina da segurança nacional, o poeta logo retrucou:

> Deus me livre! Mas que comparação... Realmente, não. Acho que o general Golbery, que me parece um homem talentoso, que tem lá suas ideias, exerce uma função que deve ser útil ao presidente da República. Eu era apenas um assessor burocrático.[161]

---

[159] *Idem*. Entrevista a Zuenir Ventura, originalmente publicada na revista *Veja* em 19 de novembro de 1980. *In*: *Encontros Carlos Drummond de Andrade*. Organização: Larissa Pinho Alves Ribeiro. Rio de Janeiro: Azougue Editorial, 2011. p. 107.

[160] *Ibidem*.

[161] *Ibidem*, p. 108.

4.5 Entrevista a Leda Nagle (1980)

No mesmo mês em que deu a entrevista a Zuenir Ventura para a revista *Veja* (novembro de 1980), Carlos Drummond de Andrade alcançaria um público ainda maior, quando aceitou ser entrevistado por Leda Nagle, jornalista e apresentadora do programa da TV Globo *Jornal Hoje*.

O convite para a entrevista surgiu a partir da iniciativa da própria Leda Nagle. Ela conta que conseguiu o telefone da casa de Drummond, ligou e ele atendeu. Ela foi logo dizendo: "Poeta, é o seguinte, eu sou mineira, faço aqui o *Jornal Hoje*...". Ele prontamente respondeu: "Eu assisto". Nagle então explicou que sempre entrevistava personalidades para o programa, que ia ao ar aos sábados, e o poeta concordou, desde que levasse junto a filha Maria Julieta, que estava lançando um livro. A entrevista aconteceu na livraria José Olympio, no centro do Rio de Janeiro.

Entre os assuntos tratados nessa histórica entrevista, alguns interessam a esta pesquisa sobre a relação de Drummond e as questões públicas. Nesse sentido, por exemplo, vale a pena ressaltar o que o poeta, então com 78 anos, falou sobre sua aposentadoria:

> Eu sou obrigado a trabalhar. A opção da vida é trabalhar. As aposentadorias que o governo me deu são uma brincadeira. Tenho que trabalhar até o fim. Até o último dia. Eu gostaria de ter certa liberdade para fazer aquilo que gosto. Para fazer meus versinhos. Mas agora sou obrigado a dar umas cambalhotas, fazer umas peraltices para o público, três vezes por semana no jornal. Há dias em que eu digo: "O Drummond hoje está chato." Porque nem sempre você está bem disposto para levantar às sete da manhã, botar o traseiro na poltrona e ficar batendo a máquina. Há dias que dá vontade de não fazer nada.[162]

Sobre as atividades profissionais que realizou na vida, Drummond apresentou o seguinte relato:

> Eu estava metido no interior, ia ser fazendeiro e não entendia nada. Não sabia distinguir um cavalo rosilho de um cavalo pedrês. Então, ele me arranjou um trabalho num jornal lá em Belo Horizonte e eu saí correndo, casado de pouco, com a minha mulher grávida, e eu fui lá para o jornal de Belo Horizonte. E com isso comecei a minha vida. Trabalhei muito

---

[162] *Idem*. Entrevista a Leda Nagle, veiculada no *Jornal Hoje* em novembro de 1980. *In*: *Encontros Carlos Drummond de Andrade*. Organização: Larissa Pinho Alves Ribeiro. Rio de Janeiro: Azougue Editorial, 2011. p. 130.

> em jornal e senti não poder fazer carreira de jornalista militante, porque não houve condições. Fui atraído pela burocracia.[163]

4.6 Entrevista a Edla van Steen, Fábio Lucas, Julieta de Godoy Ladeira, Mário Chamie e Sábato Magaldi (1982)

Publicada originalmente no *Jornal da Tarde*, essa entrevista foi concedida a diversos jornalistas, podendo cada um deles formular uma pergunta. Na última indagação feita a Drummond, foi perguntado sobre sua carreira profissional e se teria arrependimentos. O poeta mineiro confirma a profunda relação com o serviço público e com o jornalismo:

> Julieta de Godoy Ladeira: Escrever, publicar, ser escritor – e tão grande como você – neste precário e inculto país que desanima tanto, enlouquece vários. Como você, hoje, na curva dos 80, vê sua vida voltada para a literatura? Valeu a pena ou preferia (como mineiro) ter sido pescador de dourado (em lugar de palavra), ou diretor de banco?
>
> Drummond: Olhe, Julieta, eu acho que vivi em relativa paz e sossego, uma vida de burocrata e jornalista que se dedicou à literatura "nas horas vagas porém", como dizia Camilo Castelo Branco e gostava de repetir o escritor mineiro Mário Matos. Para pescador de dourado eu não dava, porque com o tempo aprendi a respeitar a vida animal sob todas as formas. Diretor de banco? Que governo ou louca assembleia de acionistas me confiaria um cargos desses? Burocrata e jornalista foi mesmo o que poderia acontecer de melhor na minha vida, não acha?[164]

4.7 Entrevista a Maria Julieta (1984)

O forte sentimento de Drummond pela filha Maria Julieta foi certamente uma das principais fontes de inspiração poética do mineiro. Nesse aspecto, no dia 22 de janeiro de 1984, durante o verão carioca, provavelmente não foi tão difícil para ela convencer o pai não apenas a lhe conceder uma entrevista, mas a gravá-la em áudio,[165] o

---

[163] *Ibidem*, p. 135.

[164] *Idem*. Entrevista a Edla van Stenn, Fábio Lucas, Julieta de Godoy Ladeira, Mario Chamie e Sábato Magaldi, originalmente publicada no *Jornal da Tarde* em 1982. *In*: *Encontros Carlos Drummond de Andrade*. Organização: Larissa Pinho Alves Ribeiro. Rio de Janeiro: Azougue Editorial, 2011. p. 147.

[165] Disponível em: https://ims.com.br/por-dentro-acervos/maria-julieta-90-anos. Acesso em: 12 abr. 2025.

que permitiria que os leitores do poeta da época, de hoje em dia e das futuras gerações pudessem desfrutar da conversa informal que os dois familiares tiveram.

Sobre esse episódio, "em 1984, Maria Julieta, em sua versão jornalista, entrevistou o pai – que era um homem bem avesso a esse tipo de intromissão. O resultado foi um bate-papo cheio de cumplicidade e até bem-humorado, já que a repórter não hesitou em apontar contradições do poeta".[166]

Acerca dessa entrevista de extraordinário valor, também já se disse que "nela, o poeta e a filha passeiam por assuntos variados: livros, Deus, crítica, Estado Novo, projetos, felicidade… O ouvinte tem a impressão de estar sentado no sofá da sala, acompanhando uma conversa ao mesmo tempo íntima e de interesse geral".[167]

Em dos trechos da entrevista, Drummond fala com muita profusão sobre a relação com o serviço público:

> Eu fui um funcionário bom até certo ponto, porque eu também tinha os meus caprichos, minhas idiossincrasias, os meus repentes, nem sempre eu fui um funcionário agradável. Eu tinha o sentido de Serviço Público, a minha vida foi toda ela passada no Serviço Público. Eu tive no serviço uma noção ainda um pouco errônea, que era a noção mineira, em que os costumes eram ainda mais acomodados, a vida era mais aconchegada. Então havia um certo respeito hierárquico, havia uma certa tradição de disciplina. Eu vim para o Rio e encontrei um ambiente completamente diferente. Uma coisa que me chocou, é uma bobagem, mas me chocou: o Capanema foi trabalhar no Ministério da Educação num prédio improvisado, atual Câmara de Vereadores, e o gabinete dele estava muito mal instalado, por detrás do gabinete ficavam os sanitários. Então os funcionários que trabalhavam no ministério, para irem ao toilette tinham que passar pela sala dele. E o ministro estava ali despachando ou em situações graves, de repente entra uma moça, fazia sinal com a cabeça, uma curvatura bem educada, de cortesia e entrava, fechava a porta e depois ouvia a descarga saía lépida e lampeira. Isso me chocou mais do que ao próprio ministro. Ele não ficou tão chocado como eu fiquei. Jamais em Minas Gerais permitiria uma coisa dessa. Então o meu rigor trazido das montanhas foi se adoçando com o tempo, levou bastante tempo para se adoçar. Quando eu fui do gabinete de

---

166 Reportagem *Conheça a linda história entre Carlos Drummond de Andrade e a filha, Maria Julieta*, publicada em 10 de agosto de 2014 no sítio eletrônico *Shereland*, disponível em: https://www.shereland.com/blog/livros/acontece/drummond-e-maria-julieta. Acesso em: 12 abr. 2025.

167 Texto "Por dentro dos acervos. Maria Julieta, 90 anos", de Victor Heringer, publicada em 2 de março de 2018 no sítio eletrônico do Instituto Moreira Sales (IMS), disponível em: https://ims.com.br/por-dentro-acervos/maria-julieta-90-anos. Acesso em: 12 abr. 2025.

> Capanema trabalhar com o Rodrigo (Rodrigo Melo Franco de Andrade), no Patrimônio Histórico, já era um funcionário condicionado, eu exigia menos dos outros. Eu acredito que esta mudança de ótica com relação ao serviço burocrático foi se repetindo não só em benefício do outro como também em benefício de mim. Eu passei a exigir menos de mim.[168]

Outro importante trecho diz respeito ao depoimento de Drummond sobre a relação com o Estado Novo. Como se vê, nem Maria Julieta nem seu pai fugiam do tema, que insistia em fazer parte da vida do poeta mineiro:

> Não fui instrumento do Estado Novo. O meu candidato Getúlio Vargas subiu ao poder e me causou, desde logo, uma grande decepção. Eu tenho sido acusado de ter sido um instrumento do Estado Novo. É uma coisa de que eu não tenho remorso, arrependimento porque não fui instrumento do Estado Novo. Gustavo Capanema foi ministro do Getúlio Vargas no período constitucional de 34, não era ditadura. O Getúlio tinha sido eleito presidente da República depois de exercer o governo provisório. Então eu, com a maior pureza do mundo trabalhando com o meu amigo Capanema me sentia à vontade. Quando houve o choque, ele fechou o Congresso, institui a ditadura realmente. Eu podia ter saído, não saí porque o Capanema não saiu, porque o meu vínculo era com ele, Capanema. E outra coisa mais, o meu trabalho no Ministério nunca foi político. A minha função era estritamente burocrática e junto ao meu ministro. Estabeleceu-se entre nós um acordo tácito. Ele se incumbia do planejamento das grandes reformas que fez e que realmente são hoje marcos históricos na cultura Nacional. E eu ficava encarregado da burocracia, de encaminhar os processos. A massa de processos dessa natureza era enorme e passava pelas minhas mãos e tinha que ser encaminhada ao presidente da República. E o nosso ministro que trabalhava dia e noite, sem parar, não trabalhava só papel, trabalhava com a cabeça, trabalhava ruminando projetos, chamando pessoas dos estados e até do exterior para discutir com ele esses problemas. Ele não podia dar conta daqueles. Então eu fazia. Eu nunca fiz um discurso elogiando o presidente da República, nunca escrevi um artigo, nunca colaborei com as revistas de cultura literária do governo. Eu jamais colaborei. Então pergunto: qual é o compromisso que eu tinha com a ditadura? Nenhum. Além do mais é uma situação apenas burocrática, que a meu ver tem significação para quem entende o mecanismo burocrático. Eu não fui nomeado por decreto do Getúlio. Fui designado por uma portaria do ministro. Naquele tempo o chefe de gabinete do

---

[168] ANDRADE, Carlos Drummond de; ANDRADE, Maria Julieta Drummond de. Me adaptei à vida. *In*: DRUMMOND, Pedro (org.). *Maria Julieta entrevista Carlos Drummond de Andrade*. Instituto Moreira Salles, 1984. 1 disco sonoro. Disponível em: https://ims.com.br/por-dentroacervos/maria-julieta-90-anos. Acesso em: 12 abr. 2025.

ministro era designado por ele e não pelo presidente da República como passou a ser um cargo de função que era cargo de confiança do governo. Eu tinha cargo, não contava tempo de serviço, eu não tinha ordenado, eu tinha uma gratificação, eu recebia aquilo por verba interna. Não havia vínculo empregatício por assim dizer. Eu podia sair de uma hora para a outra sem direito a nenhuma indenização. Fiquei lá com ele (Capanema) de 34 até 45, porque ele achava que eu servia bem a ele, e, eu tinha prazer em servir a ele. Era um amigo excepcional, a quem eu estimo, a quem eu venero. Então eu pergunto, qual era a minha ligação com a ditadura? Procure nos jornais da época, procure qualquer pronunciamento meu a favor. Nada. Pelo contrário, eu até devo dizer, secretamente amargava a minha inconformidade com os rumos da política e ajudava o meu ministro porque era amigo dele. O Capanema, apesar de ser ligado a essa gente, no fundo ele era um homem de altíssimo espírito público, que procurava fazer sacrifício de ordem pessoal, de ordem política para conseguir realizar as grandes obras que ele imaginava que era o Patrimônio Histórico, como o Instituto do Livro, a nova universidade com os cursos de Letras, os cursos industriais. Uma série de coisas, o Instituto de Estudos Pedagógicos – um órgão destinado a fazer estudos especiais para que o ensino melhorasse através de métodos pedagógicos novos. Tudo isso que ele fez, eu citei alguns casos. Ah! o Canto Orfeônico que ele desenvolveu no Brasil, a Educação Física, que ele criou uma divisão só para isso. Um mundo de coisas. Isso exigia papel, processos, exigia burocracia, eu me encarregava disso. Não tenho menor remorso e jamais aceitaria a designação de ser auxiliar da ditadura. Desafio! Não há alguém que possa provar, pelo contrário. Aliás não seria infamante que eu fosse: pessoas de maior importância no Brasil trabalharam com o presidente, em cargo de confiança, como o Capanema. O que ele aproveitou daquilo foi construir o edifício do Ministério da Educação, que é um prédio padrão e fazer toda essa série de reformas que caracterizaram o governo, a gestão dele.[169]

4.8 Entrevista a Gilberto Mansur (1984)

Publicada na revista *Status*, em julho de 1984, essa entrevista foi uma das mais extensas que Carlos Drummond de Andrade concedeu em todos os tempos. Nela, falou sobre jornalismo, política, Brasil, Estado Novo, entre outros temas. Ao ser indagado sobre o fato de não ter tido carreira linear no jornalismo, respondeu:

Como o jornal não constituía um meio de vida satisfatório, e como eu tive a felicidade de encontrar trabalho junto a um amigo, que era o ministro

[169] *Ibidem.*

> Gustavo Capanema, eu me desviei para o serviço público. Eu não tinha também habilitação técnica para nada, não era um bom estudante, não fiz nenhum curso superior que me habilitasse a exercer uma profissão; então, aí, eu fui ser funcionário público, a minha vida foi a de um funcionário público. Talvez um pouco especial, porque nunca trabalhei na repartição, em termos de rebanho. Eu fui um auxiliar dos meus amigos, a começar pelo doutor Capanema (Ministro da Educação de Getúlio Vargas), com quem lidei três anos em Belo Horizonte e onze no Rio de Janeiro. Era um amigo meu, que me chamou para ajudá-lo, um companheiro do colégio, e, então, as relações que nós tínhamos eram as mais naturais possíveis, não havia uma atitude de disciplina, de obediência, de respeito nem de severidade. Nós nos entendíamos muito bem.[170]

Logo em seguida, o jornalista Gilberto Mansur indaga: "Mas, apesar disso, não havia, da sua parte, uma sensação de ter um relacionamento bem íntimo com o poder?". Drummond contesta apresentando uma série de informações a respeito do exercício da função pública de chefe de gabinete:

> Não, eu não tinha. Acho que posso dizer que nunca tive. Passei a minha vida sem ter relacionamento com o poder porque a minha função era burocrática, não política, e diretamente ligada a um amigo. O chefe de gabinete que eu fui, em 1934, e até 1945, era um servidor que não tinha o nome de funcionário público, era um auxiliar do ministro, que ele designava, por intermédio de uma portaria, para exercer funções de assessor dele. Essa pessoa não tinha vínculo funcional, o seu tempo de serviço não era contado, não se cogitava de aposentadoria, não havia direito a férias nem nada. Com o tempo, com a evolução burocrática, o meu tempo de serviço foi contado para aposentadoria, mas eu não tinha cargo nenhum. Sobretudo, o meu cargo não era de nomeação pelo presidente da República. Hoje, parece que não existe mais isso, todos os auxiliares têm seus nomes primeiro passados em revista pelo SNI e depois vão ao presidente da República, de modo que não há mais a figura do homem de confiança de um ministro que não seja da confiança do presidente.[171]

4.9 Entrevista a Humberto Werneck (1985)

A profunda relação entre o jornalista e escritor mineiro Humberto Werneck e Drummond é a de um admirador dos versos do poeta desde

---

170 ANDRADE, Carlos Drummond de. Entrevista a Gilberto Mansur, originalmente publicada na revista Status, em julho de 1984. *In*: *Encontros Carlos Drummond de Andrade*. Organização: Larissa Pinho Alves Ribeiro. Rio de Janeiro: Azougue Editorial, 2011. p. 177.

171 *Ibidem*.

os tempos da adolescência, que, anos depois, passou a pesquisar a vida e obra do mineiro, sendo, atualmente, um de seus principais biógrafos, a ponto de participar de ser convidado a participar do programa *Conversa com Bial*, da Rede Globo, que, em 2017, prestou homenagem ao autor *A rosa do povo* trinta anos depois de sua morte. Sobre a dedicação de Werneck às pesquisas sobre Drummond:

> Próximo do poeta desde a famosa reportagem de capa que fez para a revista Veja em 1977, Humberto vem escrevendo nas últimas cinco décadas substanciosos textos acerca da vida de Drummond. Em 1986, inclusive, tentou em vão publicar um livro de entrevistas com o poeta que, cordialmente, declinou a proposta. Drummond morreria no ano seguinte, mas o projeto permaneceu na cabeça do jornalista. Em 1992, Humberto publicou um livro "nada simples de rechear", *O desatino da rapaziada*, onde conta a(s) grande(s) história(s) da vida jornalística e literária mineira do século XX. Lá já se encontra "um bocado do Carlos Drummond de Andrade em sua juventude belo-horizontina", afirma Werneck. O século XXI, portanto, tratou de oficializar de uma vez por todas o compromisso inescapável do jornalista.[172]

Em abril de 1985, Humberto Werneck entrevistou Drummond para as páginas da revista *IstoÉ*. Entre as perguntas formuladas, uma delas questionava o papel do jornalismo da vida do poeta. Ao responder, Drummond ressalta a predileção pelas atividades nos jornais ("aquilo era uma emoção muito grande"), mas não deixa de registrar que o serviço público também foi essencial em sua trajetória:

> Eu tenho duas experiências fundamentais na minha vida: a de jornalista e a de funcionário público. Das duas eu digo a você com sinceridade: prefiro a de jornalista. Fui jornalista de banca lá em Belo Horizonte, nos anos de 1920, redator chefe do Diário de Minas. E eu sentia aquela vibração, ficava até altas horas da noite, fazendo jornal. Aquilo era uma emoção muito grande. Trabalhava com grandes amigos, como meu velho companheiro Afonso Arinos, que ainda hoje se queixa de mim. Como ele estava acostumado a doce vida, não queria trabalhar muito, e então se queixava de que eu o oprimia...[173]

---

[172] Texto "Carlos e Humberto: o biografado e o biógrafo", publicado no sítio eletrônico *Carlos Drummond de Andrade*, disponível em: https://www.carlosdrummond.com.br/conteudos/visualizar/Carlos-e-Humberto-o-biografado-e-o-biografo5. Acesso em: 12 abr. 2025.

[173] ANDRADE, Carlos Drummond de. Entrevista a Humberto Werneck, originalmente publicada na revista *IstoÉ* em abril de 1985. *In*: *Encontros Carlos Drummond de Andrade*. Organização: Larissa Pinho Alves Ribeiro. Rio de Janeiro: Azougue Editorial, 2011. p. 207.

Em outra parte da entrevista, Werneck comenta e pergunta: "Até pouco tempo atrás, o senhor era uma pessoa arredia, não dava entrevistas. Hoje aparece na televisão. Como se deu essa metamorfose?". Drummond explica relembrando os tempos em que atuou na administração pública:

> Não é bem assim. Durante quinze anos, entre 1930 e 1945, quando trabalhei no gabinete de Gustavo Capanema, vivia de porta aberta, recebia todo mundo. Profissionalmente, era obrigado a me comunicar. Eu tinha até uma fatiota complicada, um smoking, uma casaca para presidir solenidades, representar o ministro. Era uma vida bastante chata, pelo menos para o meu gosto. Então, terminado esse segundo período de vida por assim dizer, eu achei que já tinha direito a uma vida privada. Como isso, fiquei com a fama de fechado. Na realidade eu não era aberto, mas também não era fechado – as pessoas que me procuravam eu atendia. Depois, com o tempo, publicando os livros, a indústria do livro tornando-se mais desenvolvida, exigindo a penetração no mercado do livro através da propaganda, da divulgação, da entrevista, das noites de autógrafos, me forçou a me tornar um pouco mais público, porque eu tinha que colaborar com o meu editor. Eu não posso obrigar o meu editor a vender o meu livro se eu fujo do leitor, como se fugisse do diabo. Daí, então, esse contato. Mas na realidade não houve, por assim dizer, uma mudança de temperamento. Não mesmo.[174]

4.10 Entrevista a Geneton Moraes Neto (1987)

Tendo trabalhado muitos anos na televisão, o jornalista e escritor pernambucano Geneton Moraes Neto (1956-2016) realizou entrevistas memoráveis: no rol de seus entrevistados, constam "seis presidentes da República, três astronautas que pisaram na Lua, os prêmios Nobel Desmond Tutu e Jimmy Carter, os dois militares que dispararam as bombas sobre Hiroshima e Nagasaki, a mais jovem passageira do Titanic e o assassino de Martin Luther King, entre muitos outros personagens históricos".[175]

O livro *Dossiê Drummond*, "centrado na última – e rara – grande entrevista de Carlos Drummond de Andrade, concedida ao jornalista Geneton Moraes Neto em 1987, semanas antes de sua morte, e acrescida

[174] *Ibidem*, p. 208.

[175] Reportagem "Jornalista Geneton Moraes Neto morre no Rio, aos 60 anos", publicado no sítio eletrônico *G1* em 22 de agosto de 2016, disponível em: https://g1.globo.com/rio-de-janeiro/noticia/2016/08/jornalista-geneton-moraes-neto-morre-no-rio-aos-60-anos.html. Acesso em: 12 abr. 2025.

de vários depoimentos valiosos",[176] é outra importante contribuição do jornalista de Recife para a cultura brasileira.

Na citada entrevista, Geneton pergunta a Drummond quando o Brasil seria um país rico e feliz. O poeta mineiro responde destacando o papel preponderante da sociedade civil e do exercício da cidadania na melhoria das condições de vida no país:

> Apesar de todas as misérias que cercam o Brasil, nós estamos caminhando. Apesar dos partidos políticos que não são partidos políticos, apesar de tudo, há uma tal energia da mocidade brasileira, há tanta capacidade de ação, a gente vê tanta obra social interessante, tantas pessoas se interessando pelo bem-estar da comunidade que não sou pessimista a este ponto, não.[177]

4.11 Entrevista a Luiz Fernando Emediato (1987)

A última entrevista de Carlos Drummond de Andrade foi publicada no jornal *O Estado de S. Paulo* dois dias antes de sua morte. Concedida ao jornalista mineiro Luiz Fernando Emediato, a entrevista tratou de temas diversos, inclusive de questões políticas, desencanto, ditadura militar e alguns problemas do Brasil ("empreguismo, o clientelismo, o filhotismo, a falta de responsabilidade"). Seguem alguns trechos relevantes para este livro:

> E a política? Como o senhor entrou na vida política?
>
> Drummond – Entrei na política em 1945. Eu tinha sido chefe de gabinete de ministro no governo Vargas, mas não era político. Em 1945 eu simpatizava com o Partido Comunista e, durante três meses, meu nome apareceu no expediente do jornal do partido. A experiência não me deixou saudades, saí de lá com o rabo entre as pernas.
>
> Por quê?
>
> Drummond – Éramos diretores do jornal e nenhum de nós dirigia coisa nenhuma. O jornal censurava as coisas mais absurdas. Até informações. Fiquei desencantado com o partido. Não quis mais saber de comunismo.
>
> Como é que o senhor se define hoje, ideologicamente?

---

[176] Informação retirada do *release* do livro *Dossiê Drummond*, publicado no sítio eletrônico da Amazon, disponível em: https://www.amazon.com.br/Dossi%C3%AA-Drummond-Geneton-Moraes-Neto/dp/8525043400. Acesso em: 12 abr. 2025.

[177] ANDRADE, Carlos Drummond de. Entrevista a Geneton Moraes Neto, originalmente publicada no *Jornal do Brasil* em 1987. *In*: *Encontros Carlos Drummond de Andrade*. Organização: Larissa Pinho Alves Ribeiro. Rio de Janeiro: Azougue Editorial, 2011. p. 223.

Drummond – Eu não sou nada, nada. Eu seria um eleitor em potencial do Partido Socialista Brasileiro. Mas não sou mais eleitor, desisti de me recadastrar.

O senhor não vai votar este ano, então?

Drummond – Não, não vou. Estou desencantado com isso. Tenho uma longa experiência de desencanto político. Em 1910, eu tinha sete anos de idade e o marechal Hermes da Fonseca foi eleito presidente da República com 400 mil votos redondos. Nem um a mais, nem um a menos. Por sua vez, o chefe da campanha civilista mandou telegramas para todos os diretórios civilistas nos Estados recomendando que aumentassem a votação nas notícias aos jornais. Houve fraudes dos dois lados.

O senhor votou em Jânio Quadros para presidente?

Drummond – Votei. E depois disso você acha que eu ainda vou votar em mais alguém?

O senhor apoiou o movimento de 1964?

Drummond – Não apoiei, não. Eu fui contra João Goulart, achei que a derrubada dele foi salutar. Mas uma semana depois já haviam praticado tais desmandos que não pude apoiar. Posso ter pecado por omissão por não ter denunciado logo, mas não apoiei.

O que é o que o senhor pensa da situação política no Brasil hoje?

Drummond – Não vou votar. Minha reação de desencanto explica tudo, não é?

E a República do escritor José Sarney?

Drummond – Não vejo nada, não. Eu acho que o Plano Cruzado foi uma boa ideia, vamos ser justos, uma ideia bem-intencionada. Mas estamos sem carne, não é? O congelamento não resolve. Estamos numa sociedade capitalista em que o motivo principal do trabalho é o lucro. O boi não tem opinião, coitado. Aliás, nessa história de congelamento, eu tenho muita simpatia é pelo boi, que está vivendo mais alguns meses no pasto.

O que é que o senhor sente quando vê, pelos jornais ou pela TV, que o Congresso está vazio?

Drummond – Eu acho terrível. E a gente não pode falar contra o Executivo, porque tem que falar mais mal ainda do Legislativo. O empreguismo, o clientelismo, o filhotismo, a falta de responsabilidade...

Um artista, um intelectual tem opiniões que pesam muito na sociedade. O senhor acha que...

Drummond – O que mais podemos fazer é conservar nossa dignidade. Não participando daquilo que nos pareça errado ou nocivo ao bem comum. A obrigação do escritor e do artista é fazer a melhor literatura, a melhor arte. Interpretar bem o sentido das coisas, o mistério da alma humana, o mistério das relações sociais. Não vejo como o artista pode influenciar na sociedade brasileira. Ele acaba sendo cantado pelos poderosos e prestando serviços a eles.

E a Constituinte?

Drummond – Eu gostaria muito que ela fosse realmente uma Constituinte. Mas vejo pouca probabilidade de se formar um grupo realmente poderoso e consciente, que sejam bons patriotas, para que possam fazer uma boa Constituição. Eu olho com certo susto a Constituinte. Uma coisa que acho muito importante é definir o papel das Forças Armadas. Não podem tutelar o regime democrático. Mas é difícil conseguir isso.

O senhor disse há pouco que, se votasse, votaria no Partido Socialista. O senhor acredita que exista socialismo real em algum país do mundo?

Drummond – O regime socialista a meu ver não é praticado nos países que se dizem socialistas. A não ser talvez na Escandinávia, onde há, realmente, um começo.

O senhor já foi convidado para visitar Cuba, como outros intelectuais que lá estiveram e até escreveram livros a respeito?

Drummond – Nunca fui, não. Aliás, uma vez eu estava posto em sossego, cerca de meia-noite, e me telefonou o Chico Buarque de Holanda, pessoa que admiro muito, mas com quem não tenho nem contato. Gosto da música dele. Telefonou e disse: "Preciso conversar com você". Eu disse: "A esta hora da noite? Meu Deus, aconteceu um drama, para o Chico me procurar!". Mas disse. "Pois não, venha". Apareceu em companhia de um cidadão moreno, magro. Era já meia-noite e meia. O cidadão falou meio enrolado, era o embaixador da Nicarágua no Brasil, que tinha lido uma crônica minha no jornal e achava que eu estava mal informado sobre o país dele. Ah, tenha paciência! Eu tenho noção do que escrevo, compreendeu? Não sou partidário dos Estados Unidos, longe disso, acho a agressão à Nicarágua uma coisa estúpida. Mas não se pode negar que a Nicarágua é uma ditadura. Eles fecharam o *La Prensa*, onde tenho amigos, o poeta Pablo, Antonio Cuadra. E então falei para o Chico: "Tenha paciência!".

E o embaixador? Ouviu e foi embora?

Drummond – Era delicado, como todo embaixador.

O senhor tem um poema, "Favelário Nacional", em que diz que é difícil ser irmão das pessoas, ser solidário.

Drummond – Eu acho muito difícil. Fomos criados para sermos irmãos de nossos irmãos, e mesmo assim olhe lá. Somos irmãos de nossos irmãos e de nossos amigos – os demais são sócios, indiferentes ou inimigos, competidores. Se eu quiser ser irmão de um favelado, eu acho que ele me cospe na cara.[178]

---

178 Artigo "Última entrevista de Carlos Drummond de Andrade", publicado em 23 de agosto de 2021 em *Sibila, Revista de Poesia e Cultural*, ano 24, disponível em: https://sibila.com.br/mapa-da-lingua/ultima-entrevista-de-carlos-drummond-de-andrade/14166. Acesso em: 12 abr. 2025.

CAPÍTULO 5

O SERVIÇO PÚBLICO NA POESIA DE DRUMMOND

5.1 A poesia de Carlos Drummond de Andrade

Em uma entrevista concedida em 1955, Drummond relevou: "Minha poesia é autobiográfica (...). Assim sendo, quem se interessar pelos miúdos acontecimentos da vida do autor, basta passar os olhos por esses nove volumes que, sob pequenos disfarces, dão a sua ficha civil, intelectual, sentimental, moral e até comercial...".[179]

Nesse sentido, não seria possível dissociar a obra literária de Drummond de suas outras atividades profissionais. Por essa razão, sua poesia e crônica são influenciadas (e facilitadas) por seus ofícios de jornalista e de servidor público, e essas atividades estão presentes em suas produções no campo da literatura. Assim, ao contrário do que se poderia supor, a burocracia contribuiu para a poesia drummondiana e serviu de fonte de inspiração ao poeta. Sobre essas questões:

> Qual seria a medida entre o ócio e o dever, entre a criação e as providências? O aparelho burocrático é apresentado não apenas como um espaço em que a escrita pode se realizar, como, mais que isso, um meio que propicia a própria escrita. Drummond tira o véu da figura mística e mítica do poeta e apresenta um indivíduo profundamente enraizado na vida comum, capaz de sentir dor, de participar ativamente das

---

[179] Texto "Confissões de Carlos Drummond de Andrade – o Autor do "Fazendeiro do ar". *Jornal de Letras,* Rio de Janeiro, mar. 1955, disponível em: https://www.maxwell.vrac.puc-rio.br/16294/16294_5.PDF. cesso em: 12 abr. 2025.

> instituições sociais e de se sentir vulnerável. Uma vida de ócio constante já não parece ser a mais adequada para a escrita; é necessário equilibrar momentos de ócio com a atividade laborativa, entendendo que a rotina do trabalho enriquece as vivências do poeta e lhe dá a segurança social e financeira necessária para a criação (...) Dessa forma, é notória a presença constante e impactante da experiência burocrática nos escritos de Drummond. Longe de serem atividades que competem entre si, como duas linhas paralelas que nunca se cruzam, o trabalho burocrático e a literatura foram uma espécie de grande teia, na qual é difícil discernir onde uma se inicia e a outra acaba, sendo por vezes um caminho de mão dupla entre o tema da escrita e a escrita, o trabalho e a local do trabalho.[180]

Se há quem analise a poesia de Drummond a partir de suas atividades burocráticas, também existem aqueles que fazem exatamente o contrário. Nesse sentido, *Sentimento do mundo* (1940) e *A rosa do povo* (1945) foram literaturas que marcaram o cerne da atuação de Drummond no período em que atuou no Ministério Capanema. Destarte, essas duas obras também serão analisadas como fontes documentais para entendermos melhor a passagem de Drummond pela política ministerial e sua ação política.[181]

Outra questão a ser ressaltada diz respeito à posição ambígua do poeta mineiro, ao escrever suas poesias sociais, pelo fato de ser funcionário público. Ele tanto poderia ser entendido como uma testemunha privilegiada, por integrar os quadros do Estado e conhecer como poucos seus meandros, como também poderia ser criticado por sua associação umbilical ao ente que tanto critica:

> O "poeta ajuizado" é precisamente aquele que "vende" a sua agudeza crítica contra o Estado que o contrata, em troca do sustento que este lhe fornece. De um lado, a tese do juízo funcionário é furada pela poesia participante de Drummond: os três livros do período – *Sentimento do mundo* (1940), *José* (1942) e *A rosa do povo* (1945), publicados durante o Estado Novo e assinados pelo chefe de gabinete do Ministério da Educação e Saúde Pública, cujas simpatias com o Partido Comunista Brasileiro, à época, eram conhecidas – revolucionam a poesia política no Brasil. Mas a tese é confirmada, por outro lado, pela função de Drummond no gabinete do ministro, encarregado, ao longo dos anos,

---

180 PALATINSKY, Thaís Vieira da Cunha. *"Uma coisa bela"*: modernismo, arquitetura e burocraciano poema "Noite na repartição", de Carlos Drummond de Andrade. 2022. Monografia – Faculdade de Letras da Universidade Federal do Rio de Janeiro, Rio de Janeiro, 2022. Disponível em: https://pantheon.ufrj.br/bitstream/11422/18526/1/TVCPalatinsky.pdf. Acesso em: 12 abr. 2025.

181 MENDONÇA. *Op. cit.*

dentre outras coisas, de escrever os discursos de Capanema, função necessariamente cercada de reserva e segredo. Embora a prática de intelectuais escreverem discursos para políticos seja corrente, não só no Brasil, o fato acrescenta um sentido verdadeiramente abissal à posição ambígua que Drummond ocupava no ministério, sintoma talvez bem mais geral de uma perturbadora ambiguidade do sistema político-literário brasileiro como um todo.[182]

5.2 *Difícil ser funcionário*, poema de João Cabral de Melo Neto

O poeta pernambucano João Cabral de Melo Neto (1920-1999) escreveu uma carta-poema para Carlos Drummond de Andrade no dia 29 de setembro de 1943, tendo, inclusive, utilizado um papel timbrado do Departamento Administrativo do Serviço Público (DASP), órgão em que trabalhava como assistente de seleção.

Nessa carta-poema, que foi publicada nos Cadernos de Literatura Brasileira (vol. 1, 1996) pelo Instituto Moreira Salles, o pernambucano, diante da frieza da burocracia ("funcionárias, sem amor"; "regimento proibindo assovios, versos, flores"; "máquina que nunca escreve cartas"), confessa como é difícil ser funcionário. O que faz, então? Pede conselhos ao amigo mineiro, o que demonstra como Drummond era profundamente associado ao serviço público:

> Nesta segunda-feira.
> Eu te telefono, Carlos
> Pedindo conselho.
> Não é lá fora o dia
> Que me deixa assim,
> Cinemas, avenidas,
> E outros não-fazeres.
> É a dor das coisas,
> O luto desta mesa;
> É o regimento proibindo
> Assovios, versos, flores.
> Eu nunca suspeitara

[182] PENNA, João Camillo. *Drummond*: Testemunho da Experiência Humana. Brasília: Abravídeo, 2011. p. 29; ANDRADE, Carlos Drummond de. Entrevista a Martins D'Álvarez, originalmente publicada em *A Gazeta*, em dezembro de 1941. *In*: *Encontros Carlos Drummond de Andrade*. Organização: Larissa Pinho Alves Ribeiro. Rio de Janeiro: Azougue Editorial, 2011. p. 28.

Tanta roupa preta;
Tão pouco essas palavras
– Funcionárias, sem amor.
Carlos, há uma máquina
Que nunca escreve cartas;
Há uma garrafa de tinta
Que nunca bebeu álcool.
E os arquivos, Carlos,
As caixas de papéis:
Túmulos para todos
Os tamanhos de meu corpo.
Não me sinto correto
De gravata de cor,
E na cabeça uma moça
Em forma de lembrança
Não encontro a palavra
Que diga a esses móveis.
Se os pudesse encarar...
Fazer seu nojo meu...
Carlos, dessa náusea
Como colher a flor?
Eu te telefono, Carlos,
Pedindo conselho[183]

5.3 *Política literária* (1930)

Já em seu primeiro livro de poesia (*Alguma poesia*), Drummond compõe vários poemas que tratam de questões relacionadas às atividades públicas. No poema *Política literária*, o mineiro escancara o tema das disputas no âmbito do federalismo e de seus níveis (municipal, estadual e federal).

Quando o poema foi escrito (1930), Drummond ainda estava na Administração Pública mineira. Assim, sentia de perto as distinções entre as administrações – no caso, as deficiências e limitações dos chamados entes menores (Estados e Municípios) e as melhores condições do Governo Federal, onde, quatro anos após escrever o poema, Drummond estaria inserido de cabeça.

---

[183] MELO NETO, João Cabral de. Poema *Difícil ser funcionário*. Disponível em: https://poetisarte.com/autores/joao-cabral-de-melo-neto/dificil-ser-funcionario. Acesso em: 12 abr. 2025.

Sobre esse poema, já foi destacado que se trata de uma alusão ao fato de que a imensa maioria dos poetas brasileiros minimamente significativos, naquele tempo, era composta de funcionários públicos, que trabalhavam para algum órgão dos três poderes, e que:

> o texto sugere a rivalidade (talvez real e agastada; talvez uma mera suposição lúdica de rivalidade) entre três amigos, poetas, com empregos diferentes. Não é difícil imaginar um empregado do prefeito indo tomar cafezinho no escritório de um empregado do governador e ficarem os dois por ali, mexendo o açúcar e destilando veneno contra um colega mais bem aquinhoado que habita uma mês de mogno do Palácio, na Capital Federal.[184]

Eis então o texto do poema, dedicado ao poeta pernambucano Manuel Bandeira:

> A Manuel Bandeira
>
> O poeta municipal
> discute com o poeta estadual
> qual deles é capaz de bater o poeta federal.
>
> Enquanto isto o poeta federal
> tira ouro do nariz[185]

5.4 *No meio do caminho* (1930)

A estreia de Drummond na poesia foi impulsionada, em grande parte, por um poema que o acompanharia durante toda a vida. O próprio poeta, ao se referir à crítica, dizia que "na mocidade, passei por um pedaço bem duro. O pessoal era todo contra mim. Achava que eu fazia versos malucos, como aquele da pedra no meio do caminho. Por isso dizem que eu era doido, débil mental".[186]

---

[184] TAVARES, Bráulio. *Drummond*: poemas de política. Publicado no sítio eletrônico *Mundo Fantasmo* em 11 de março de 2011. Disponível em: https://mundofantasmo.blogspot.com/2011/03/2501-drummond-poemas-da-politica.html. Acesso em: 12 abr. 2025.

[185] ANDRADE, Carlos Drummond de. Poema "Política literária", presente orginalmente no livro *Alguma poesia* (1930). *In*: ANDRADE, Carlos Drummond de. *Nova Reunião. 23 livros de poesia*. São Paulo: Companhia das Letras, 2015. p. 19.

[186] *Idem*. Entrevista a Leda Nagle, veiculada no *Jornal Hoje* em novembro de 1980. *In*: *Encontros Carlos Drummond de Andrade*. Organização: Larissa Pinho Alves Ribeiro. Rio de Janeiro: Azougue Editorial, 2011. p. 127.

O poema *No meio do caminho* foi publicado inicialmente em 1928, na *Revista de Antropofagia*. Os versos tratam dos obstáculos (pedras) que encontramos no percurso da vida. Mas então qual seria a relação desse poema com as temáticas relacionadas à administração pública?

Ora, em primeiro lugar, esse que é um dos poemas mais conhecidos e importantes da obra literária de Drummond não poderia ficar de fora deste livro. Em segundo lugar, não faltam pedras nos caminhos dos administradores públicos brasileiros. Podemos citar algumas dessas pedras, em especial algumas culturas que assolam a gestão pública neste país: a cultura do patrimonialismo (contrária aos valores republicanos), a cultura do autoritarismo (que impede a consolidação dos valores democráticos), a cultura do segredo (verdadeiro óbice à transparência), a cultura do improviso (que impede a implantação do planejamento), a cultura da burocracia (que impede a eficiência), a cultura do formalismo (que olvida a prevalência dos valores constitucionais), a cultura da impunidade (que estimula maus comportamentos), a cultura da litigiosidade (que caminha no sentido contrário da pacificação) e a cultura da verticalidade (alheia aos benefícios da consensualidade). Eis o celebrado poema:

> No meio do caminho tinha uma pedra
> tinha uma pedra no meio do caminho
> tinha uma pedra
> no meio do caminho tinha uma pedra.
>
> Nunca me esquecerei desse acontecimento
> na vida de minhas retinas tão fatigadas.
> Nunca me esquecerei que no meio do caminho
> tinha uma pedra
> tinha uma pedra no meio do caminho
> no meio do caminho tinha uma pedra.[187]

5.5 *Política* (1930)

Há poemas que, de tão bem concebidos, conseguem traduzir em poucas linhas ideias que, em formato de prosa, precisariam de um livro

[187] *Idem*. Poema *No meio do caminho*, presente originalmente no livro *Alguma poesia* (1930). *In*: *Encontros Carlos Drummond de Andrade*. Organização: Larissa Pinho Alves Ribeiro. Rio de Janeiro: Azougue Editorial, 2011. p. 20.

inteiro. Nesse sentido, o mineiro Carlos Drummond de Andrade, por intermédio dos seis versos do poema *Política*, conseguiu traduzir a alma do coronelismo, algo que outro mineiro, Victor Nunes Leal (1914-1985), faria com seu clássico *Coronelismo, enxada e voto*, publicado em 1948.

A propósito, Victor Nunes Leal, que chegaria ao Supremo Tribunal Federal (de onde foi afastado pelo AI-5), foi mais um dos que fizeram parte da Constelação de Capanema, tendo trabalhado com Drummond. Sobre *Coronelismo, enxada e voto*, Nunes Leal afirmou:

> (...) sustentava que a falta de autonomia legal dos municípios convivia com a autonomia extralegal dos chefes políticos locais, gerando um sistema fundado na troca de favores entre líderes locais, estaduais e federais. O coronelismo confundia o público e o privado e extraía seu poder de um sistema representativo baseado no voto individual que se degenerava no "voto de cabresto", em função da dependência socioeconômica dos eleitores do interior em relação aos coronéis. Diagnóstico feito, Victor Nunes Leal defendeu a ideia de que só com maior autonomia dos poderes legislativos e a descentralização do poder político se instauraria no Brasil um autêntico sistema de representação democrática.[188]

No poema *Política*, Drummond, que conhecia de perto um "coronel" (o próprio pai, o fazendeiro Carlos de Paula Andrade), também registrou a presença de práticas patrimonialistas no cenário político-administrativo brasileiro. Favoritismos e revanchismos ditavam o destino das pessoas; o rompimento com o chefe político seria quase como uma sentença de morte social, mas também poderia ser o passe para a liberdade, para romper as correntes:

> Vivia jogado em casa.
> Os amigos o abandonaram
> quando rompeu com o chefe político.
> O jornal governista ridicularizava seus versos,
> os versos que ele sabia bons.
>
> Sentia-se diminuído na sua glória
> enquanto crescia a dos rivais
> que apoiavam a Câmara em exercício.

---

[188] "Intérpretes do Brasil: Victor Nunes Leal", texto publicado no sítio eletrônico *Memorial da Democracia*, disponível em: https://memorialdademocracia.com.br/card/interpretes-do-brasil/18. Acesso em: 12 abr. 2025.

Entrou a tomar porres
violentos, diários.
E a desleixar os versos.
Se já não tinha discípulos
Se só os outros poetas eram imitados.

Uma ocasião em que não tinha dinheiro
para tomar o seu conhaque
saiu à toa pelas ruas escuras.
Parou na ponte sobre o rio moroso,
o rio que lá embaixo pouco se importava com ele
e no entanto o chamava
para misteriosos carnavais.

E teve vontade de se atirar
(só vontade).

Depois voltou para casa
livre, sem correntes
muito livre, infinitamente
livre livre livre que nem uma besta
que nem uma coisa[189]

5.6 *Jardim da praça da Liberdade* (1930)

Não poderia faltar neste livro um poema de Drummond dedicado ao amigo Gustavo Capanema, com quem trabalhou nas Administrações Públicas mineira (1933-1934) e federal (1934-1945).

Famoso e formoso logradouro da capital mineira, a Praça da Liberdade, pano de fundo do poema, foi frequentada na década de 1920 pelos jovens do grupo Estrela, entre eles Carlos e Gustavo. Sobre o poema:

> Em *Alguma Poesia* (1930), seu primeiro livro, o jovem Drummond, com apenas 27 anos, traz à cena o "Jardim da Praça da Liberdade", poema dedicado ao amigo Gustavo Capanema. (...).Na década de 1920, por ocasião da visita do rei da Bélgica a Belo Horizonte, o Jardim da Praça

189 ANDRADE, Carlos Drummond de. Poema *Política*, presente originalmente no livro *Alguma poesia* (1930). *In*: ANDRADE, Carlos Drummond de. *Nova Reunião. 23 livros de poesia.* São Paulo: Companhia das Letras, 2015. p. 21.

> da Liberdade é reformado, segundo o gosto francês, adquirindo traçado geométrico e tendo sua área de circulação pavimentada, o que irritaria o jovem escritor, como se pode ler no poema abaixo. A Praça da Liberdade tem significado expressivo na paisagem da capital mineira: por muitos anos ali foi centro de referência política, governamental e administrativa; no último decênio, o centro administrativo do estado foi transferido e a praça passou, então, a integrar o Centro Cultural Praça da Liberdade, sediando museus e espaços culturais. Nos anos vinte, do século XX, em pleno fervor cultural da primeira manifestação modernista no Brasil, esse jardim é representado por Drummond sob dois aspectos contrastantes: a aparência parnasiana, perceptível na superfície bucólica da paisagem, e o espírito crítico modernista, bastante acentuado no poeta, que, àquela época, já comungava dos ideais revolucionários.[190]

No poema, Drummond registra a "moldura das Secretarias compenetradas" e a "prefeitura vigilante", dando assim características humanas a órgãos da Administração Pública. Na praça mais administrativa de sua Belo Horizonte, o poeta ressalta a presença da "noite estrelada de funcionários":

> A Gustavo Capanema
>
> Verdes bulindo.
> Sonata cariciosa da água
> fugindo entre rosas geométricas.
> Ventos elísios.
> Macio.
> Jardim tão pouco brasileiro... mas tão lindo.
>
> Paisagem sem fundo.
> A terra não sofreu para dar estas flores.
> Sem ressonância.
> O minuto que passa
> desabrochando em floração inconsciente.
> Bonito demais. Sem humanidade.
> Literário demais

[190] REBELLO, Ivana Ferrante. Nos jardins: reflexões sobre a poética de Carlos Drummond de Andrade. *Revista Araticum*, v. 16, n. 2, p. 112, 2017. Disponível em: https://www.periodicos.unimontes.br/index.php/araticum/article/view/759/751. Acesso em: 12 abr. 2025.

(Pobres jardins do meu sertão,
atrás da Serra do Curral!
Nem repuxos frios nem tanques langues,
nem bombas nem jardineiros oficiais.
Só o mato crescendo indiferente entre sempre-vivas desbotadas
e o olhar desditoso da moça desfolhando malmequeres.)
Jardim da Praça da Liberdade,
Versailles entre bondes.
Na moldura das Secretarias compenetradas
a graça inteligente da relva
compõe o sonho dos verdes.
PROIBIDO PISAR NO GRAMADO
Talvez fosse melhor dizer:
PROIBIDO COMER O GRAMADO
A prefeitura vigilante
vela a soneca das ervinhas.
E o capote preto do guarda é uma bandeira na noite estrelada
[de funcionários.
De repente uma banda preta
vermelha retinta suando
bate um dobrado batuta
na doçura
do jardim.
Repuxos espavoridos fugindo.[191]

5.7 *Sinal de apito* (1930)

Drummond compôs o poema *Sinal de apito* em seu primeiro livro de poesia (*Alguma poesia*, 1930). Singelo, o poema destaca como manifestações de uma atividade administrativa estatal (no caso, o poder de polícia na área do trânsito) podem ocorrer mesmo sem o uso de palavras (escritas ou faladas); basta que o guarda simplesmente sopre o apito que motoristas terão que obedecer, seguindo, parando, acendendo a lanterna, diminuindo a marcha ou ficando a postos.

Em um período em que o uso de veículos automotores se intensificava no país, o poeta mineiro demonstra como a autoridade do Estado estaria presente em situações que começavam a ser tornar cada

[191] ANDRADE, Carlos Drummond de. Poema *Jardim da Praça da Liberdade*, presente originalmente no livro *Alguma poesia* (1930). *In*: *Encontros Carlos Drummond de Andrade*. Organização: Larissa Pinho Alves Ribeiro. Rio de Janeiro: Azougue Editorial, 2011. p. 25.

vez mais frequentes. Assim, as relações jurídicas entre a Administração Pública e os administrados, outrora marcadas por um trato individualizado, diante da expansão e da massificação das atividades da sociedade civil, teriam de ser padronizadas, dinamizadas, simplificadas e despersonalizadas:

> Um silvo breve: Atenção, siga.
> Dois silvos breves: Pare.
> Um silvo breve à noite: Acenda a lanterna.
> Um silvo longo: Diminua a marcha.
> Um silvo longo e breve: Motoristas a postos.
>
> (A este sinal todos os motoristas tomam
> lugar nos seus veículos para movimentá-los
> imediatamente.)[192]

5.8 *Anedota búlgara* (1930)

No poema *Anedota búlgara*, também presente no primeiro livro de poesia de Drummond, ele critica a banalização dos abusos praticados pelos líderes políticos autoritários (representados por um "czar naturalista"): de tão usual, a violência (inclusive a caça de homens) começa a ser normalizada e se torna algo que não mais gera espanto, ao contrário de situações mais corriqueiras (como caçar borboletas e andorinhas).

A inversão de valores da moral do czar também se espraia pela sociedade, que passa a considerar atos estatais autoritários como aceitáveis ou justificáveis. Se é verdade que o poeta humaniza o animal (cuja morte provocada pela caça causa espanto e é considerada barbaridade), também se pode afirmar que Drummond, ao aduzir à caça de homens, animaliza o humano:

> Era uma vez um czar naturalista
> que caçava homens.
> Quando lhe disseram que também se caçam borboletas e andorinhas,
> ficou muito espantado
> e achou uma barbaridade.[193]

---

[192] *Idem*. Poema *Sinal de apito*, presente originalmente no livro *Alguma poesia* (1930). *In*: *Encontros Carlos Drummond de Andrade*. Organização: Larissa Pinho Alves Ribeiro. Rio de Janeiro: Azougue Editorial, 2011. p. 27.

[193] *Idem*. Poema "Anedota búlgara", presente originalmente no livro *Alguma poesia* (1930). *In*: *Idem*. *Nova Reunião. 23 livros de poesia*. São Paulo: Companhia das Letras, 2015. p. 30.

5.9 *Outubro 1930* (1930)

Para quem pensa que o funcionário público sempre fica trancado no escritório, no poema *Outubro 1930*, há um (o próprio Drummond) que foi à guerra, mas não como soldado, e sim como servidor burocrata que redigia documentos no *front*.

> "Outubro 1930" foi publicado pela primeira vez no Estado de Minas em maio de 1931 – no calor da hora, portanto – e depois em O Jornal do Rio de Janeiro em dezembro de 34, antes de ser incluído na segunda edição de Alguma poesia, de 1942. Único do livro escrito depois de 1930, o poema é uma espécie de recriação literária em prosa e verso da experiência de Drummond na Revolução de 30, da qual participou como funcionário das Forças Revolucionárias Mineiras, em Barbacena, Minas Gerais (...) "Outubro 1930" vai, assim, na contramão das representações históricas oficiais, esquemáticas e repletas de patriotada.[194]

No poema, Drummond diferencia o soldado do funcionário, pois, enquanto o primeiro pensa na morte, o segundo pensa no amor. Com isso, revela distinções de tratamento e privilégio entre os agentes públicos, sejam aquelas causadas pelas diferentes funções ou posições hierárquicas que ocupam na estrutura estatal.

Vê-se que o poema retrata a rotina no Estado-Maior, em que os eventos "obedecem surpreendentemente a uma organização rigorosa, com horários e intervalos bem definidos. Ou seja, mesmo em meio ao caos do conflito, os eventos se sucedem de maneira monótona e repetida. Daí o tédio que atravessa a estrofe e que nem mesmo a notícia mais importante – a vitória ou a derrota – é capaz de quebrar".[195] Destaque para a conclusão: "Deus vela o sono e o sonho dos brasileiros. Mas eles acordam e brigam de novo". Eis o poema:

> Suores misturados
> no silêncio noturno.
> O companheiro ronca.
> O ruído igual
> dos tiros e o silêncio
> na sala onde os corpos

---

[194] SILVA, Gabriel Provinzano Gonçalves da. *Entre a poesia e a prosa*: Drummond e a revolução de 1930, publicado no sítio eletrônico *Opiniães*, disponível em: https://revistas.usp.br/opiniaes/article/view/149131/149612. Acesso em: 12 abr. 2025.

[195] *Ibidem*.

são coisas escuras.
O soldado deitado
pensando na morte.

De 5 em 5 minutos um ciclista trazia ao Estado-Maior um feixe de telegramas contendo, comprimida, a trepidação dos setores. O radiotelegrafista ora triste ora alegre empunhava um papel que era a vitória ou a derrota. Nós descansávamos, jogados sobre poltronas, e abríamos para as notícias olhos que não viam. olhos que perguntavam. Às 3 da madrugada, pontualmente, recomeçava o tiroteio.

O funcionário deitado
não pensa na morte.
Pensa no amor
tornado impossível
no minuto guerreiro.
E fecha os olhos
para ver bem
o amor com sua espada
de fogo sobre a cabeça
de todos os homens,
legalistas, rebeldes.

O inimigo resistia sempre e foi preciso cortar a água do quartel. Como resistisse ainda, a água circulou de novo, desta vez azul, de metileno. A torneira aberta escorre desinfetante. O canhão fabricado em Minas – suave temperamento local – não disparou.

Olha a negra, olha a negra,
a negra fugindo
com a trouxa de roupa,
olha a bala na negra,
olha a negra no chão
e o cadáver com os seios enormes, expostos, inúteis.

O general, com seus bigodes tumultuosos, era o mais doce dos seres, e destilava uma ternura vaporosa em seu hábito de usar *culotte* sem perneiras. A um canto do salão atulhado de mapas e em que telefones esticados retiniam trazendo fatos, levando ordens, eu fazia, exercício fácil, a caricatura do seu imenso nariz. Que todos acharam ótima e reprovaram com indignação cívica.

A esta hora no Recife,
em Guaxupé, Turvo, Jaguara,
Itararé,
Baixo Guandu,
Igarapava,
Chiador,
homens estão se matando
com as necessárias cautelas.
Pelo Brasil inteiro há tiros, granadas,
literatura explosiva de boletins,
mulheres carinhosas cosendo fardas
com bolsos onde estudantes guardarão retratos
das respectivas, longínquas namoradas,
homens preparando discursos,
outros, solertes, captando rádios,
minando pontes,
outros (são governadores) dando o fora,
pedidos de comissionamento
por atos de bravura,
ordens do dia,
"o inimigo (?) retirou-se em fuga precipitada,
deixando abundante material bélico,
cinco mortos e vinte feridos..."
Um novo, claro Brasil
surge, indeciso, da pólvora.
Meu Deus, tomai conta de nós.
Deus vela o sono dos brasileiros.
Anjos alvíssimos espreitam
a hora de apagar a luz de teu quarto
para abrirem sobre ti as asas
que afugentam os maus espíritos
e purificam os sonhos.
Deus vela o sono e o sonho dos brasileiros.
Mas eles acordam e brigam de novo.[196]

5.10 *Hino Nacional* (1934)

Se, no poema anterior, Drummond conclui que "Deus vela o sono e o sonho dos brasileiros. Mas eles acordam e brigam de novo", em *Hino*

---

[196] ANDRADE, Carlos Drummond de. Poema *Outubro 1930*, presente originalmente no livro *Alguma poesia* (1930). *In*: *Idem*. *Nova Reunião. 23 livros de poesia*. São Paulo: Companhia das Letras, 2015. p. 36.

Nacional, publicado no livro *Brejo das almas* (1934), ele volta a puxar a orelha do país, que "está dormindo, coitado", e cujas "revoluções são bem maiores do que quaisquer outras", mas os "erros também".

Mas qual o caminho que deve ser adotado para que o Brasil se encontre? Certamente não será "importando francesas muito louras, de pele macia, alemãs gordas, russas nostálgicas para garçonetes dos restaurantes noturnos", alusão à importação de culturas e receitas estrangeiras para solução dos problemas brasileiros.

Ao falar dos brasileiros, Drummond ressalta que há de se "compreender o que querem esses homens, por que motivo eles se ajuntaram e qual a razão de seus sofrimentos". Ele aponta alguns caminhos, que têm relação direta com a concretização dos direitos sociais (que começam a ser reconhecidos na década de 1930): "precisamos educar o Brasil", mas não uma educação que se dê com a compra de "professores e livros", com a assimilação de "finas culturas" ou subvencionando as elites. O poeta também lembra do direito à moradia ("cada brasileiro terá sua casa"). Mas como não evitar que esses direitos não passem de meras promessas? "Difícil caber tanto oceano e tanta solidão no pobre coração já cheio de compromissos..."

Tendo o poema sido composto no momento em que o Estado brasileiro só falava em burocracia, cabe o alerta para a ironia presente na frase "E cuidaremos do Estado Técnico". Segue o poema:

> Precisamos descobrir o Brasil!
> Escondido atrás das florestas,
> com a água dos rios no meio,
> o Brasil está dormindo, coitado.
> Precisamos colonizar o Brasil.
>
> O que faremos importando francesas
> muito louras, de pele macia,
> alemãs gordas, russas nostálgicas para
> garçonettes dos restaurantes noturnos.
> E virão sírias fidelíssimas.
> Não convém desprezar as japonesas...
>
> Precisamos educar o Brasil.
> Compraremos professores e livros,
> assimilaremos finas culturas,
> abriremos dancings e subvencionaremos as elites

Cada brasileiro terá sua casa
com fogão e aquecedor elétricos, piscina,
salão para conferências científicas.
E cuidaremos do Estado Técnico.

Precisamos louvar o Brasil.
Não é só um país sem igual.
Nossas revoluções são bem maiores
do que quaisquer outras; nossos erros também.
E nossas virtudes ? A terra das sublimes paixões...
os Amazonas inenarráveis... os incríveis João-Pessoas...

Precisamos adorar o Brasil!
Se bem que seja difícil caber tanto oceano e tanta solidão
no pobre coração já cheio de compromissos...
se bem que seja difícil compreender o que querem esses homens,
por que motivo eles se ajuntaram e qual a razão de seus sofrimentos.

Precisamos, precisamos esquecer o Brasil!
Tão majestoso, tão sem limites, tão despropositado,
ele quer repousar de nossos terríveis carinhos.
O Brasil não nos quer! Está farto de nós!
Nosso Brasil é no outro mundo. Este não é o Brasil.

Nenhum Brasil existe. E acaso existirão os brasileiros?[197]

5.11 *Confidências do itabirano* (1940)

Neste poema biográfico, publicado no livro *Sentimento do mundo* (1940), Drummond lembra de seus tempos vividos em sua cidade natal, assim como ressalta a influência itabirana sobre sua personalidade ("oitenta por cento de ferro na alma"; "o hábito de sofrer, que tanto me diverte").

Por ter composto o verso "Itabira é apenas uma fotografia na parede. Mas como dói!", o poeta teria que passar todo o restante de sua vida se justificando para seus conterrâneos, que consideravam que a cidade envergonhava Drummond (quando ele queria mesmo era ressaltar a dor pela distância).

---

[197] *Idem*. Poema *Hino nacional*, presente originalmente no livro *Brejo das almas* (1934). *In*: *Idem*. *Nova Reunião. 23 livros de poesia*. São Paulo: Companhia das Letras, 2015. p. 40.

Mas o verso que tem relação direta com esse livro é o que Drummond revela que, embora tenha vindo de uma família que já teve ouro, gado e fazenda, aos 38 anos de idade era funcionário público. Essa afirmação revela muitas questões, seja como o país passava por um processo de urbanização (abandonando sua herança rural) ou como a administração pública começou a se expandir (e as novas gerações eram recrutadas para o serviço público). Sobre essas questões:

> O poema une o inconciliável, sem fazer desaparecerem as cicatrizes da inconciliação. Tais cicatrizes têm muito a ver tanto com o destino do país, que se modernizava e esquecia Itabira, quanto com o destino da poesia brasileira, cujo maior representante não se admite poeta, mas "funcionário público". Na apresentação dessa profissão intermediária tem-se, mais do que dado biográfico, a representação de um rearranjo de forças históricas, pois, a burocracia brasileira foi, depois de 1930, uma espécie de solução de compromisso, de rearranjo do poder oligárquico, que está mencionado em "tive ouro, tive gado, tive fazendas."[198]

Ademais, em *Confidência do itabirano*, destaca-se como Drummond, vencendo o fatalismo, fez o próprio caminho, ao se desviar do destino que foi reservado a seus antepassados:

> Alguns anos vivi em Itabira.
> Principalmente nasci em Itabira.
> Por isso sou triste, orgulhoso: de ferro.
> Noventa por cento de ferro nas calçadas.
> Oitenta por cento de ferro nas almas.
> E esse alheamento do que na vida é porosidade e comunicação.
>
> A vontade de amar, que me paralisa o trabalho,
> vem de Itabira, de suas noites brancas, sem mulheres e sem horizontes.
> E o hábito de sofrer, que tanto me diverte,
> é doce herança itabirana.
>
> De Itabira trouxe prendas diversas que ora te ofereço:
> esta pedra de ferro, futuro aço do Brasil;
> este São Benedito do velho santeiro Alfredo Duval;
> este couro de anta, estendido no sofá da sala de visitas;
> este orgulho, esta cabeça baixa...

[198] PILATI, Alexandre. "Confidências do itabirano": uma leitura do país. Texto disponível em: https://unicamp.br/cemarx/ANAIS%20IV%20COLOQUIO/comunica%E7%F5es/GT5/gt5m2c1.pdf. Acesso em: 12 abr. 2025.

Tive ouro, tive gado, tive fazendas.
Hoje sou funcionário público.
Itabira é apenas uma fotografia na parede.
Mas como dói![199]

5.12 *Inocentes do Leblon* (1940)

Na música "Virgem", composta pelo poeta Antônio Cícero e por sua irmã Marina Lima (que a gravou), primeira faixa do Lado B do LP *Virgem de Marina*, lançado em 1987, há uma estrofe que diz:

O Hotel Marina quando acende
Não é por nós dois
Nem lembra o nosso amor
Os inocentes do Leblon
Não sabem de você
Nem vão querer saber
E o farol da Ilha
Procura agora

A expressão "inocentes do Leblon" foi retirada do poema de mesmo nome, composto por Carlos Drummond de Andrade em 1940 e publicado no livro *Sentimento do mundo*. Mas quem seriam os "inocentes do Leblon"? Desde logo, registre-se que eles sempre estiveram presentes no Brasil, em 1940, em 1987 ou mesmo em 2025: trata-se da elite do país (ao menos, de parte dela) que não tem compromisso com o progresso da sociedade. Já no prefácio do livro *A elite do atraso*, o sociólogo Jessé Souza procura advertir o leitor esclarecendo que:

> A crise brasileira atual é também e antes de tudo uma crise de ideias. Existem ideias velhas que nos legaram o tema da corrupção na política como nosso grande problema nacional. Isso é falso, embora, como em toda mentira e em toda fraude, tenha seu pequeno grão de verdade. Nossa corrupção real, a grande fraude que impossibilita o resgate do Brasil esquecido e humilhado, está em outro lugar e é construída por outras forças. São essas forças, tornadas invisíveis para melhor exercerem o poder real, que o livro pretende desvelar. Essa é a nossa elite do atraso.[200]

---

[199] ANDRADE, Carlos Drummond de. Poema *Confidência do itabirano*, presente originalmente no livro *Sentimento do mundo* (1940). *In*: ANDRADE, Carlos Drummond de. *Nova Reunião. 23 livros de poesia*. São Paulo: Companhia das Letras, 2015. p. 63.

[200] SOUZA, Jessé. *A elite do atraso*: da escravidão à Lava Jato. Rio de Janeiro: Leya, 2017. p. 8.

Assim, para desviar o foco de si mesma, a elite brasileira vem atribuindo integralmente a responsabilidade dos problemas do país ao Estado, o que vem gerando, entre outras consequências, a demonização da figura do servidor público.

Drummond sabia que os inocentes do Leblon "tudo ignoram, mas a areia é quente, e há um óleo suave que eles passam nas costas, e esquecem". Os ditos inocentes, como lembra Sérgio Buarque de Holanda, sempre buscaram "excessivos benefícios sem grandes sacrifícios".[201] Eis o poema:

> Os inocentes do Leblon
> não viram o navio entrar.
> Trouxe bailarinas?
> trouxe imigrantes?
> trouxe um grama de rádio?
> Os inocentes, definitivamente inocentes, tudo ignoram,
> mas a areia é quente, e há um óleo suave
> que eles passam nas costas, e esquecem.[202]

5.13 *Morte do leiteiro* (1945)

Publicado no livro *A rosa do povo*, o poema *Morte do leiteiro* faz parte da poesia social de Drummond. Em nove versos, o poeta mineiro relata a morte de um entregador de leite, assassinado impiedosamente enquanto cumpria seu ofício matinal.

Drummond escancara alguns valores conservadores da sociedade brasileira em frases como: "o revólver da gaveta"; "quem quiser que chame médico, polícia não bota a mão neste filho de meu pai", "está salva a propriedade". Em outra oportunidade, já se destacou que "a morte do leiteiro é um poema de Carlos Drummond de Andrade que demonstra a supervalorização da propriedade em detrimento da vida humana, sendo confirmado no campo jurídico-social pela preferência do direito material frente à proteção da pessoa, especialmente no âmbito penal".[203]

---

[201] HOLANDA, Sérgio Buarque. *Raízes do Brasil*. 26. ed. São Paulo: Companhia das Letras, 1995. p. 52.

[202] ANDRADE, Carlos Drummond de. Poema *Inocentes do Leblon*, presente originalmente no livro *Sentimento do mundo* (1940). *In*: ANDRADE, Carlos Drummond de. *Nova Reunião. 23 livros de poesia*. São Paulo: Companhia das Letras, 2015. p. 70.

[203] LIPPSTEIN, Daniela; BOFF, Salete Oro. A "Morte do leiteiro" de Drummond e a proteção da propriedade acima da vida humana. *In*: I CIDIL, v. 1, n. 1, out. 2012. *Anais* (...). Disponível em: https://periodicos.rdl.org.br/anacidil/article/view/154/226. Acesso em: 12 abr. 2025.

Também já se registrou que foi ressaltada no poema a "falta de consciência dos homens da cidade acerca da condição daqueles que são explorados e da exploração em geral".[204] Assim, o poeta mineiro descreve a sociedade brasileira como ignorante da própria realidade e hierarquizada, o que faz com que os bens materiais daqueles que estão no topo da pirâmide social tenham mais valor que a vida daqueles que estão na base. Logo, o Direito Penal e o Direito Administrativo, que sancionam os membros da sociedade por comportamentos ilícitos, costumam reproduzir esta lógica:

> Há pouco leite no país,
> é preciso entregá-lo cedo.
> Há muita sede no país,
> é preciso entregá-lo cedo.
> Há no país uma legenda,
> que ladrão se mata com tiro.
>
> Então o moço que é leiteiro
> de madrugada com sua lata
> sai correndo e distribuindo
> leite bom para gente ruim.
> Sua lata, suas garrafas,
> e seus sapatos de borracha
> vão dizendo aos homens no sono
> que alguém acordou cedinho
> e veio do último subúrbio
> trazer o leite mais frio
> e mais alvo da melhor vaca
> para todos criarem força
> na luta brava da cidade.
>
> Na mão a garrafa branca
> não tem tempo de dizer
> as coisas que lhe atribuo
> nem o moço leiteiro ignaro,
> morador na Rua Namur,

[204] KRUSCHEWSKY, Emanuela Mendes. O Engajamento político-social no poema "Morte do Leiteiro" de Carlos Drummond de Andrade. Disponível em: http://www.webartigos.com/artigos/o-engajamento-politico-social-no-poema-morte-do-leiteiro-de-carlos-drummond-de-andrade/33345. Acesso em: 12 abr. 2025.

empregado no entreposto,
com 21 anos de idade,
sabe lá o que seja impulso
de humana compreensão.
E já que tem pressa, o corpo
vai deixando à beira das casas
una apenas mercadoria.

E como a porta dos fundos
também escondesse gente
que aspira ao pouco de leite
disponível em nosso tempo,
avancemos por esse beco,
peguemos o corredor,
depositemos o litro…
Sem fazer barulho, é claro,
que barulho nada resolve.

Meu leiteiro tão sutil,
de passo maneiro e leve,
antes desliza que marcha.
É certo que algum rumor
sempre se faz: passo errado
vaso de flor no caminho,
cão latindo por princípio,
ou um gato quizilento.
E há sempre um senhor que acorda,
resmunga e torna a dormir.

Mas este acordou em pânico
(ladrões infestam o bairro),
não quis saber de mais nada.
O revólver da gaveta
saltou para sua mão.

Ladrão? se pega com tiro.
Os tiros na madrugada
liquidaram meu leiteiro.
Se era noivo, se era virgem,
se era alegre, se era bom,
não sei,
tarde para saber.

Mas o homem perdeu o sono
de todo, e foge pra rua.
Meu Deus, matei um inocente.
Bala que mata gatuno
também serve pra furtar
a vida de nosso irmão.
Quem quiser que chame médico,
polícia não bota a mão
neste filho de meu pai.
Está salva a propriedade.
A noite geral prossegue,
a manhã custa a chegar,
mas o leiteiro
estatelado, ao relento,
perdeu a pressa que tinha.

Da garrafa estilhaçada,
no ladrilho já sereno
escorre uma coisa espessa
que é leite, sangue... não sei.
Por entre objetos confusos,
mal redimidos da noite,
duas cores se procuram,
suavemente se tocam,
amorosamente se enlaçam,
formando um terceiro tom
a que chamamos aurora.[205]

5.14 *Noite na repartição* (1945)

Provavelmente, o poema drummondiano que mais tem conexão com a administração pública é *Noite na repartição*, publicado no livro de poesia *A rosa do povo*, de 1945, ano em que o poeta mineiro deixou a chefia de gabinete do Ministro Gustavo Capanema.

O poema traz diálogos imaginários travados entre um oficial administrativo solitário e frustrado e objetos de uma repartição pública.

---

[205] ANDRADE, Carlos Drummond de. Poema *Morte do leiteiro*, presente originalmente no livro *A rosa do povo* (1945). *In*: *Idem*. *Nova Reunião. 23 livros de poesia*. São Paulo: Companhia das Letras, 2015. p. 151.

No diálogo entre o funcionário e o papel, enquanto o primeiro diz "beijo-te, amo-te, detesto-te, preciso de ti, papel, papel, papel", o último responde "teu escravo, isto sim, tua coisa calada, teu servo branco, tapete onde passeias e compões", embora também xingue o burocrata: "Homenzinho porco, vilão amarelo e cardíaco!".

Por sua vez, no diálogo entre o oficial administrativo e algumas bebidas alcoólicas, o primeiro confessa sua tristeza ao afirmar "sou o número um – o triste dos tristíssimos". Quando as bebidas se oferecem ao oficial, este responde "mas se eu não sei beber. Nunca aprendi", admitindo sua falta de vida social.

No verso seguinte, o papel faz várias referências a vários dispositivos de um fictício estatuto jurídico dos funcionários públicos: "Ele não sabe que o artigo 14 faculta pileques de gim com conhaque; mal sabe ele que o artigo 18 autoriza porres até de absinto; como ignora que o artigo 40 manda beber fogo, querosene, fel".

A frieza do trabalho burocrático na repartição pública faz com que o oficial administrativo admita que "para beber é preciso amar. Sinto que é tarde para aprender". Na sequência, há um trecho em que o oficial administrativo dialoga com uma traça (o animal mais presente nas repartições públicas quando os processos administrativos ainda eram em papel). Esta sugere ao funcionário que namore na hora do expediente. Ele então responde: "Não resolve. Nada resolve. O mesmo revólver resolverá? Amor e morte são certidões, fichas...". E a traça complementa: "despachos interlocutórios".

Em outro verso, a pomba, com ares de superioridade, aconselha o funcionário público desolado (e os demais personagens da repartição) destacando a relevância de suas ações, concretizadas pelo uso de palavras: "Trago uma palavra quase de amor, palavra de perdão... Quero que vos junteis e compreendais a vida (...). Pensa na doçura das palavras. Pensa na dureza das palavras. Pensa no mundo das palavras. Que febre te comunicam. Que riqueza. Mancha de tinta ou gordura, em todo caso mancha de vida".

Na parte final do poema, vemos a traça tendo que se sujeitar aos efeitos das reformas administrativas ("precisarei adaptar-me") e o oficial administrativo sendo resgatado em sua dignidade, aparecendo luminoso e ganhando subitamente "a condição humana". Sobre *Noite na repartição*:

> O poema se encerra com um questionamento do Oficial, ele agora é o homem que não aceita de pronto as verdades absolutas, interrogando-as, colocando-se em um lugar de reflexão ativa o posto ao da recepção

passiva de um objeto, de uma coisa, de uma máquina. Ao longo de todo o poema, percebe-se a trajetória do Oficial que se encontra objetificado e busca sua humanização, "sou um homem, ou pelo menos quero ser um deles!", enquanto os objetos já partem de um status humanizado, manifestado em sua vida, sua linguagem e seus sentimentos. O papel sofre, a porta se envergonha, a aranha é triste, o telefone finge. Todos apresentam vontades, tristezas, desejos, personalidade, voz. Tendo nesses objetos como seus únicos interlocutores, o Oficial não dialoga com pares, com outros homens. Ao contrário, dialoga apenas com os materiais e objetos que compõem seu dia a dia. É com eles que se abre, sozinho, no escritório, à noite, e é rodeado por eles que consegue recuperar sua condição humana.[206]

Para o deleite do leitor, segue o poema *Noite na repartição*, um dos pontos altos da poesia de Drummond:

O OFICIAL ADMINISTRATIVO:
Papel
respiro-te na noite de meu quarto,
no sabão passas a meu corpo, na água te bebo.
Até quando, sim, até quando
te provarei por única ambrosia?
Eu te amo e tu me destróis,
abraço-te e me rasgas,
beijo-te, amo-te, detesto-te, preciso de ti, papel, papel, papel!
ingrato, lês em mim sem me decifrares.
O corpo de meu filho estava amortalhado em
papel,
em papel dormiam as roupas e brinquedos, em papel os doces
do casamento. Em grandes pastas os rios, os caminhos
se deixam viajar, e a diligência roda
num chão fofo, azul e branco, de papel escrito.
Basta!
Quero carne, frutas, vida acesa,
quero rolar em fêmeas, ir ao mercado, ao Araguaia, ao amor.
Quero pegar em mão de gente, ver corpo de gente,
falar língua de gente, obliviar os códigos,
quero matar o DASP, quero incinerar os arquivos de amianto.
Sou vim homem, ou pelo menos quero ser um deles!

---

[206] PALATINSKY. *Op. cit.*

O PAPEL:
Tu te queixas...
Distrais-te na queixa e a mágoa que exalas
é perfume que te unge, flor que te acarinha.
Dissolves-te na queixa, e tornado incenso, halo, paz
te sentes bem feliz enquanto eu sem consolo
espero tua brutalidade
sem a qual não vivo nem sou.
Teu escravo, isto sim, tua coisa calada,
teu servo branco, tapete onde passeias e compões.
Tu me fazes sofrer, bicho implacável mais que a onça
o é para o galho que pisa.
Por que não sou sem ti? Por que não existo, como as
[árvores, por conta própria?
Sou apenas papel, e teu misterioso poder
me oprime e suja.
E te revoltas...
Quisera dizer-te nomes feios independente de tua mão.
Que as palavras brotassem em mim, formigas no tronco,
moscas no ar; viessem para fora em caracteres ásperos,
crescessem, casas e exércitos, e te esmagassem.
Homenzinho porco, vilão amarelo e cardíaco!
(Avança para o burocrata, que se protege atrás da porta.)

A PORTA:
De tanto abrir e fechar perdi a vergonha.
Estou exausta, cética, arruinada.
Discussões não adiantam, porta é porta.
Perdi também a fé, e por economia
irão, quem sabe, me transformar em janela
de onde a virgem
enfrenta a noite
e suspira.
Seu ai de dentifrício americano cortará o céu
e me salvará.
Talvez me tornem ainda gaveta de segredos,
bolsa, calça de mulher, carteira de identidade,
simples alecrim, alga ou pedra.
Sim: é melhor pedra.
Dói nos outros, em si não.
Uma pedra no coração.

A ARANHA:
Chega!
Espero que não me queiras nascer um simples, vaga-lume.
Fica quieta, me deixa subir
e fazer no teto um lustre, uma rosa.
Sou aranha-tatanha, preciso viver,
A vida é dura, os corvos não esperam,
ouço os sinos da noite, vejo os funerais,
me sinto viúva, regresso à Inglaterra,
a aranha é o mais triste dos seres vivos.

O OFICIAL ADMINISTRATIVO:
Depois de mim, é óbvio.
Sou o número um – o triste dos tristíssimos.
A outros o privilégio
de embriagar-se. Non possumus.

A GARRAFA DE UÍSQUE:
Não pode?

O GARRAFÃO DE CACHAÇA:
Não pode por quê?

O COQUETEL:
Experimenta. Sou doce. Sou seco

TODOS OS ÁLCOOIS:
– Me prova! me prova!
É a festa do rei!
É de graça! de graça!
Me bebe! me bebe!

O OFICIAL ADMINISTRATIVO:
Mas se eu não sei beber. Nunca aprendi.

O PAPEL:
Ele não sabe que o artigo 14
faculta pileques de gim e conhaque;
mal sabe ele que o artigo 18
autoriza porres até de absinto;
como ignora que o artigo 40
manda beber fogo, querosene, fel;

que por motivo de força maior
cobre derretido se pode sorver
se pode chegar ébrio na repartição,
se pode insultar o ícone da parede,
encher de vermute o tinteiro pálido,
ensopar em genebra velhos decretos
nos casos tais e em certas condições...
Ele não sabe.

A TRAÇA:
Que burro.

Os ÁLCOOIS:
Sua alma sua palma
seu tédio seu epicédio
sua fraqueza sua condenação.
Somos o cristal, o mito, a estrela
em nós o mundo recomeça,
as contradições beijam-se a boca.
o espesso conduz ao sutil.
Somos a essência, o logos, o poema.
Brandyanisette kümmelnuvens-azuis
cascata de palavras...

A ARANHA:
Não me interessa.

O OFICIAL ADMINISTRATIVO:
Para beber é preciso amar.
Sinto que é tarde para aprender.

O PAPEL:
Ele não sabe que a paixão amor
segundo reza o artigo 90...

A TRAÇA:
É uma zebra.

O TELEFONE:
Amor?
Através de mim os corpos se amam,

alguns se falam em silêncio,
outros chamam e não aguentam
o peso e o amargor da voz.
Inventaram-me para negócios,
casos de doença e talvez de guerra.
Mas fui derivando para o amor.
Como sofro! Todas as dores
escorrem pelo bocal,
deixam apenas saliva...
Cuspo de amor fingindo lágrimas.

A TRAÇA:
Namorar na hora do expediente!

O OFICIAL ADMINISTRATIVO:
Não resolve. Nada resolve.
O mesmo revólver resolverá?
Amor e morte são certidões,
fichas...

A TRAÇA:
Despachos interlocutórios.

A ARANHA:
Lavrados na minha teia.

A VASSOURA ELÉTRICA:
Senhores deputados, desculpem. Sinto que é hora de varrer.
(Põe-se a varrer furiosamente, a porta cai com um gemido, as garrafas partem-se, escorrem líquidos de oitenta cores. O oficial administrativo tira os processos da mesa da direita, jogando fora o processo de cima e colocando os demais na mesa da esquerda. Em seguida, retira-os desta última e volta a depositá-los na mesa da direita, sempre atirando fora o volume que estiver por cima. E assim indefinidamente. Do garrafão de cachaça desprende-se uma pomba, e pairai no meio da sala, banhada em luz macia.)

A POMBA:
Papel, homem, bichos, coisas, calai-vos.
Trago uma palavra quase de amor, palavra de perdão.
Quero que vos junteis e compreendais a vida.
Por que sofrerás sempre, homem, pelo papel que adoras?

A carta, o ofício, o telegrama têm suas secretas consolações.
Confissões difíceis pedem folha branca.
Não grites, não suspires, não te mates: escreve.
Escreve romances, relatórios, cartas de suicídio, exposições de motivos,
mas escreve. Não te rendas ao inimigo. Escreve memórias, faturas.
E por que desprezas o homem, papel, se ele te fecunda
com dedos sujos mas dolorosos?
Pensa na doçura das palavras. Pensa na dureza das palavras.
Pensa no mundo das palavras. Que febre te comunicam. Que riqueza.
Mancha de tinta ou gordura, em todo caso mancha de vida.
Passar os dedos no rosto branco. . não, na superfície branca.
Certos papéis são sensíveis, certos livros nos possuem.
Mas só o homem te compreende. Acostuma-te. beija-o.
Porta decaída, ergue-te, serve aos que passam.
Teu destino é o arco, são as bênçãos e as consolações para todos.
Pequena aranha pessimista, sei que também tens direito ao idílio.
Vassoura, traça, regressai ao vosso comportamento essencial.
Telefone, já és poesia.
Preto e patético, fica entre as coisas.
Que cada coisa seja uma coisa bela.

O PAPEL, A VASSOURA, OS PROCESSOS, A PORTA, OS CACOS DE GARRAFA, *surpresos*:
Uma coisa bela?. . .

A POMBA, *no auge do entusiasmo, tornando-se, de branca, rosada*:
Uma coisa bela. Uma coisa justa.

A TRAÇA:
Precisarei adaptar-me. . .
Só roerei belas caligrafias.

CORO EM TORNO DO OFICIAL ADMINISTRATIVO:
Uma coisa bela. Uma coisa justa.

O oficial administrativo soergue o busto, suas vestes cinzentas tombam, aparece de branco, luminoso, ganha subitamente a condição humana:
Uma coisa bela?![207]

---

[207] ANDRADE, Carlos Drummond de. Poema *Noite na repartição*, presente originalmente no livro *A rosa do povo* (1945). *In*: *Idem*. *Nova Reunião. 23 livros de poesia*. São Paulo: Companhia das Letras, 2015. p. 153.

5.15 *Caminhar de costas* (1968)

O problema crônico da corrupção no Brasil não foi esquecido por Drummond. No poema *Caminhar de costas*, publicado no livro de poesia *Boitempo I*, o poeta mineiro volta ao passado mineiro, ao relatar uma sessão do Poder Legislativo em que o presidente foi afastado ("não aparece", "está impedido", "foi preso em casa"), provavelmente pela prática de atos de malversação do dinheiro público ("monta guarda junto ao quarto repleto de ouro em pó").

A confusão entre os patrimônios público e privado, uma das principais características do modelo patrimonialista, fazia com que os detentores do Poder agissem como se estivessem legitimados a se apossar daquilo que vinha para os cofres públicos como "tributo do povo". Nesse contexto, gerava a mais completa indignação a tais donos do poder a ideia de que esses valores fossem restituídos ao povo, a ponto de o personagem central do poema drummondiano afirmar que "esse ouro aqui ladrão nenhum virá roubar":

CAUTELA

Hora de abrir a sessão da Câmara.
O presidente não aparece.
O presidente está impedido.

O presidente está preso
em casa. Monta guarda
junto ao quarto repleto de ouro em pó.

Pode a campainha tilintar,
o sino do Rosário bater e rebater,
o Senado da Câmara implorar
protestar
destituir o faltoso.

O presidente tesoureiro do ouro em pó
tributo do povo à regência trina
vê lá se vai abrir sessão.
Presida quem quiser,
que esse ouro aqui ladrão nenhum virá roubar.[208]

---

[208] *Idem*. Poema *Caminhar de costas*, presente originalmente no livro *Boitempo I* (1968). *In*: *Idem*. *Nova Reunião. 23 livros de poesia*. São Paulo: Companhia das Letras, 2015. p. 503.

5.16 *O pagamento* (1973)

Em entrevista de 1980, Drummond reclamava de seus proventos de aposentadoria. "Eu sou obrigado a trabalhar. A opção da vida é trabalhar. As aposentadorias que o governo me deu são uma brincadeira. Tenho que trabalhar até o fim."[209] Alguns anos antes, no poema *O pagamento*, publicado no livro *As impurezas do branco* (1973), o poeta mineiro já se dedicava ao tema da combalida remuneração dos trabalhadores brasileiros, inclusive dos agentes públicos.

Em um verso, levanta questão atualmente ainda muito presente nos debates do Direito Administrativo, que se refere à possibilidade de o pagamento dos salários ser feito a partir da medição de "produtividade, assiduidade, pequenos méritos, oblíquas faltas, imperfeitos serões, tarefas de má vontade". O poeta trata mesmo dos reflexos dos processos administrativos disciplinares na remuneração do servidor: "Só sairá o pagamento depois do inquérito concluído?".

Drummond usa a frase "o pagamento está difícil" sete vezes, reforçando a precária condição do trabalhador, a quem "não cabe, pois, reclamar, nem salário, nem horas extras, nem demora ou juros de mora". O poeta revela um hábito dos gestores públicos até hoje muito comum: fazer propaganda oficial sobre o pagamento da folha salarial ("depois de tão anunciado, solenemente prometido").

Quando finalmente o pagamento acontece, todos irão contar com o dinheiro recebido pelo empregado ("para cada um e seu irmão, seu amigo e seu inimigo, seu desconhecido, seu antípoda, seu ascendente e descendente, seu curió demissionário, seu gato escaldado, seu cachorro caduco, suas plantinhas de vaso (sem sol) da janela, seu coração de válvulas paradas, seu coração entranhado de cisco, seu coração já sem forma de coração". A seguir, podemos conferir o poema na íntegra:

> Quando é que sai o pagamento?
> O pagamento está difícil.
>
> Quando se fará a folha
> e se construirá a máquina
> que fará o cálculo e os descontos?

---

[209] *Idem*. Entrevista a Leda Nagle, veiculada no *Jornal Hoje* em novembro de 1980. *In*: *Encontros Carlos Drummond de Andrade*. Organização: Larissa Pinho Alves Ribeiro. Rio de Janeiro: Azougue Editorial, 2011. p. 130.

E quando se fabricará o dinheiro,
espécie nova de dinheiro,
para fazer o pagamento?
Quem receberá no primeiro lote
quem no segundo e no terceiro
se antes de tudo vier a morte
poupar serviço ao tesoureiro?

O pagamento está difícil.

A espera, quem é que paga a espera
e os extraordinários da esperança
e os serviços (esquecidos) dos pais
e dos avós e dos antiquérrimos?

O pagamento está difícil.

Que contador porá em dia as contas
e qual será o seu critério?
Irá medir produtividade
assiduidade, pequenos méritos
oblíquas faltas, imperfeitos
serões, tarefas de má vontade?
Só sairá o pagamento
depois do inquérito concluído?

O pagamento está difícil.

Nem um simples apontamento
foi tomado, não há controle
e direção?
Ou não houve serviço nunca,
ninguém jamais se empregou
nem patrões existiram nem
saiu produção de nada?
Não houve encomenda de nada
na fábrica inexistente,
e ninguém podia tomar nota
alguma em nenhum escritório?
Não cabe pois reclamar

nem salário nem horas extras
nem demora ou juros de mora?

O pagamento está difícil.

Difícil é o pagamento
ou conceber a estranha folha
que nunca sai
e saindo, não se registra
e registrada, não se paga
e pagando, não vale a cédula
e valendo, o vento a carrega
e carregando, foi bem feito
se não havia o que pagar?

O pagamento está difícil
porque não há com que pagar
o que não era de ser pago
e contudo está-se cobrando?
cobrando com unhas, gritos
com bater pé, suplicar,
exigir latir bramir
chorar,
de lei na mão, uma lei feita
só de parágrafos riscados
outra vez escritos, outra vez
riscados escritos riscados
etc.?

O pagamento está difícil
ou já foi feito antes de tudo
há 40 anos, à sorrelfa,
que ninguém lembra ou se acaso lembra
é que o dinheiro era falso
era marcado era maldito
era por todos refugado?

O pagamento está difícil?
Depois de tão anunciado,
solenemente prometido,
foge o caixa, são massacrados

os condutores do dinheiro
tudo é furtado num segundo
e o próprio assalto é simulado?

Some a ideia de pagamento
de tal sorte que ninguém mais
lhe conhece o significado
e os que reclamam não reclamam
com intenção de receber
mas por força do triste hábito?
e tornam-se mudos
de voz e gesto
e se esquecem todos
de reclamar e de adiar
e de negar?

Então, de todos olvidado
não mais pensado ou referido
nem na lousa dos dicionários
o pagamento – afinal – saiu.
Para cada um e seu irmão,
seu amigo e seu inimigo,
seu desconhecido, seu antípoda,
seu ascendente e descendente,
seu curió demissionário, seu gato escaldado, seu cachorro caduco,
suas plantinhas de vaso (sem sol) da janela,
seu coração
de válvulas paradas
seu coração
entranhado de cisco
seu coração
já sem forma de
coração.

O pagamento total geral
saiu! saiu!
o pagamento sem escrita
sem cifrão
sem limitação
sem explicação
sem razão

sem código
sem termo
saiu.

Não havia quem recebesse.[210]

5.17 *Ausência de Rodrigo* (1973)

Rodrigo Melo Franco de Andrade morreu em 1969, dois anos após ter deixado o SPHAN, em cuja direção permaneceu desde 1937.

Conforme destacamos no segundo capítulo deste livro, Drummond trabalhou com Melo Franco entre 1945 e 1962, período em que pôde observar de perto a dedicação do amigo ao serviço público.

No poema *Ausência de Rodrigo*, publicado no livro *As impurezas do branco* (1973), vemos que o Diretor do SPHAN não era um mero burocrata que se encastelava em seu escritório. Era um homem de ação que, embora míope, ficava "curvado sobre traças esfareladas de capela se fortalezas em cacos, maquinando, contornando, insistindo, provendo".

Para Drummond, a ausência de Rodrigo (a quem chama de Mestre) na conservação do patrimônio cultural brasileiro era imensa, porque ele lidava diretamente com "entalhadores, pintores, pedreiros, josé, manuel, raimundo, elisário". O amigo conterrâneo era um trabalhador incansável da "manhã de janeiro a noite de dezembro". O grande legado de Rodrigo foi ter restituído coisas "ao sol da História". Confira em seguida o poema:

A mesa em que Rodrigo trabalhava
Está vazia.

Pesquiso indícios na madeira
na redoma de ar da sala
na cruel paisagem de concreto
perdoada – até quando?
por santa luzia azul-desbotado entre moneysáurios.

Procuro que não vejo
Rodrigo míope curvado

[210] *Idem*. Poema *O pagamento*, presente originalmente no livro *As impurezas do branco* (1973). *In*: *Idem*. *Nova Reunião. 23 livros de poesia*. São Paulo: Companhia das Letras, 2015. p. 415.

sobre traças esfareladas de capelas
e fortalezas em cacos
maquinando contornando insistindo
provendo.

Onde está, onde estará Mestre Rodrigo
o dos entalhadores pintores pedreiros
josé manuel raimundo elisário simplesmente
retirados por sua mão prospectadora
do bolor de códices
de mortas confrarias?

Dele não há notícia melodiosa
em alguma parte de Alcântara ou Sete Povos?
nem a mesa ondulada companheira conserva
o movimento de dedos escrevendo
de manhã de janeiro a noite de dezembro
o relatório das injúrias
Que, mais que o tempo, os homens imprimiram
a lajes memorandas?

As coisas que restituiu ao sol da História
não cantam, não me contam de Rodrigo.

A mosca bailarina
pousa no tampo de vidro
na mesa em que Rodrigo trabalhava
na mesa em que
na mesa
na[211]

5.18 *Malogro* (1973)

No livro de poesia *Boitempo II (Menino antigo)*, Drummond compartilha com os leitores suas memórias de "menino antigo". Foi nesse contexto que compôs o poema *Malogro*, em que narra a trajetória

[211] *Idem*. Poema *Ausência de Rodrigo*, presente originalmente no livro *As impurezas do branco* (1973). *In*: *Idem*. *Nova Reunião. 23 livros de poesia*. São Paulo: Companhia das Letras, 2015. p. 439.

político-profissional de seu primo, chefe político mineiro, durante a transição do Império para a República.

Primo Zeantônio formou-se em Direito, o que era natural que acontecesse com os filhos das famílias abastadas do país nos tempos do coronelismo. A partir de então, trabalhou em diversos empregos e cargos públicos (o que condiz com a ausência de carreiras administrativas estruturadas até a implantação do modelo burocrático, o que fazia com que um advogado se tornasse ora inspetor de instrução, ora diretor de colégio, ora provedor de hospital ou mesmo juiz por mera indicação política).

Drummond conta que o primo passou a ocupar cargos no Legislativo (presidente da Câmara Municipal, deputado, senador) e, como um bom medalhão do conto de Machado de Assim, foi tornado Comendador. Tudo ia bem (para o primo), que fora nomeado por Dom Pedro II governador do Rio Grande do Norte (mesmo sem qualquer relação com o Estado), até que veio a República, levianamente proclamada. O poema termina com uma frase irônica: "Natal não conheceu um grande administrador. Meu primo não conheceu o seu destino". Eis o poema:

> Primo Zeantônio chefe político liberal
> Foi tudo em Minas
> advogado
> jornalista
> inspetor de instrução
> juiz de paz
> suplente de juiz municipal
> diretor juvenil de colégio
> provedor de hospital
> presidente da câmara municipal
> deputado
> senador
> comendador.
> Quando Sua Majestade o despachou governador do Rio Grande
> [do Norte
> onde nunca pusera os pés
> Proclamou-se levianamente a República.
> Natal não conheceu um grande administrador.
> Meu primo não conheceu o seu destino.[212]

[212] *Idem*. Poema *Malogro*, presente originalmente no livro *Boitempo II (Menino antigo)* (1973). *In*: *Idem*. *Nova Reunião. 23 livros de poesia*. São Paulo: Companhia das Letras, 2015. p. 555.

5.19 *O Doutor ausente* (1973)

No poema *O Doutor ausente*, publicado no livro *Boitempo II (Menino antigo)*, Drummond fala de um delegado de polícia que não está muito interessado nas atribuições inerentes ao cargo, como "prender" ou escutar "o cabo dizer que na Rua de Baixo acontece o diabo". Para ele, "matou! roubou! defloramento... deixa pra lá".

O xerife tupiniquim em questão parece se preocupar somente com literatura ("clássicos latinos, velhos portugueses"). "O delegado não prende, ele está preso." Nesse poema, duas interpretações (entre outras) podem ser logo apresentadas: a primeira seria uma crítica à negligência do funcionário no exercício da função pública.

Todavia, arrisco-me a apontar uma possível interpretação: Drummond estaria criticando, na verdade, a falta de preocupação com o perfil dos servidores públicos selecionados pelo Estado, o que fez com que fosse admitido na Polícia Civil um delegado que não gostava de lidar com crimes e prisões. Provavelmente, o sossegado delegado do poema também agia de maneira desidiosa, mas ainda chama a atenção pela total falta de vocação para a função policial. Vamos ao poema:

> Nosso delegado
> não é de prender.
> Prefere, sossegado,
> ler.
>
> Clássicos latinos,
> velhos portugueses.
> A vida ficou sendo
> estante.
>
> Entre Virgílio e Fernão Lopes
> a garrafa clara
> cheia vazia cheia
> contém o mundo retificado.
>
> Nosso delegado
> nasceu para outros fins
> ausentes do viável.
>
> Não escuta o cabo
> dizer que na Rua de Baixo
> acontece o diabo.

A estante, a garrafa semioculta,
a cavalgada dos possíveis impossíveis.
Matou! Roubou! Defloramento...
Deixa pra lá.

Deixa bem pra lá de Ovídio,
enquanto a bela (ou bela foi um dia) Elzira
lhe afaga os bigodes desenganados.

O delegado não prende.
O delegado está preso
à estante repetida, à sempre garrafa,
ao colo, à coleira
de Elzirardente consolatória.[213]

5.20 *Deveres* (1973)

Publicados no livro *Boitempo II (Menino antigo)*, os poemas *Deveres* e *Proibições*, embora tratem de reminiscências da infância em Minas Gerais, reforçam a relação íntima de Drummond com o universo das normas do Direito Administrativo. Para ser mais preciso, os citados poemas têm conexão direta com o tema do poder de polícia, atividade estatal de fiscalização de comportamentos da sociedade civil que visa proteger o interesse da coletividade.

Ressalte-se, por oportuno, que, quando os versos de Drummond foram publicados, vivia-se no país a ditadura militar, que, em nome da "segurança nacional", elasteceu e extrapolou os limites do poder de polícia do Estado. Todavia, o que Drummond faz nos poemas em questão não é criticar os abusos autoritários, mas destacar suas lembranças de situações que eram exigidas dos cidadãos das pequenas cidades do país no começo do século XX.

No poema *Deveres*, o poeta mineiro faz uma exposição de diversas obrigações cotidianas, que estiveram presentes na legislação (como em códigos de postura), que deveriam ser cumpridas pelos cidadãos em geral, como capinar o terreno, varrer a calçada "até o meio da rua", aparar árvores "que exorbitam para a rua prejudicando o trânsito",

---

[213] *Idem*. Poema *O Doutor ausente*, presente originalmente no livro *Boitempo II (Menino antigo)* (1973). *In*: *Idem*. *Nova Reunião. 23 livros de poesia*. São Paulo: Companhia das Letras, 2015. p. 573.

cobrir a caixa de lixo com camada de cal "se houver mau cheiro" e, depois de vazia, lavá-la.

Drummond destaca que, se essas obrigações não fossem cumpridas, haveria a imposição de multas administrativas. Para o poeta, que, na juventude, achava que seria anarquista e depois foi se tornando um burocrata exemplar, os deveres mencionados no poema, embora fossem ordinários, deveriam ser repetidos para que o cidadão de hoje em dia "tome nota" e finalmente supere a ignorância civil. Lembremos o que ele afirmou, em 1987:

> A ignorância não é um privilégio da juventude de hoje. A ignorância está sendo permitida pelos mais velhos. Hoje em dia há no Brasil uma geração dominante que ignora a língua portuguesa. Ignora até normas banais de educação. A gente vê os debates na Câmara, no Congresso, na Constituinte, nas organizações políticas e vê como as pessoas se xingam umas às outras. É uma decadência de ordem geral que tem pelo menos trinta a quarenta anos – talvez mais".[214]

Abaixo, os versos do poema *Deveres*:

Cidadão, tome nota dos deveres:
Capinar e varrer toda semana
a testada de sua residência
até o meio da rua
e, se não o fizer, pague a capina
e multa de um mil-réis cada semana.

Se mora a beira-rio, é responsável
por duzentas braças de limpeza
de sua cristalina correnteza (multa,
vinte mil).

Sua caixa de lixo, há de cobri-la
com camada de cal se houver mau cheiro
e, depois de vazia, lave a caixa,
cidadão, lave a caixa bem lavada.

---

[214] *Idem*. Entrevista a Geneton Moraes Neto, originalmente publicada no *Jornal do Brasil* em 1987. *In*: *Encontros Carlos Drummond de Andrade*. Organização: Larissa Pinho Alves Ribeiro. Rio de Janeiro: Azougue Editorial, 2011. p. 219.

No seu quintal apare os ramos
das mangueiras que exorbitam para a rua
prejudicando o trânsito nenhum.
E, se há erva-de-passarinho nos seus galhos,
ou acabe com ela ou pague multa
de cem mil-réis, eu disse cem mil-réis.[215]

5.21 *Proibições* (1973)

Ao lado do poema *Deveres*, foi publicado o poema *Proibições*, em que Drummond ressalta alguns comportamentos que não deviam ser praticadas pelos cidadãos em seus tempos de infância.

Embora fossem situações aparentemente singelas, como não "galopar animais soltos no calmo perímetro urbano", as proibições do poema apontam o dedo para a falta de civilidade dos brasileiros, quando, por exemplo, colocam som alto, que inferniza "o sono do vizinho".

Ora, as regras de outrora, em alguns casos, são incompatíveis com os dias de hoje (como a que proibia que se cantasse ou rezasse "alto, noite alta, ao velar seu defunto" ou que se lavasse ou estendesse "roupa branca entre os túmulos"). Todavia, mostram como a vida em comunidade exige grande dose de solidariedade social. Por fim, destaque-se que o poeta relata que até nas regras antigas, que proibiam que se fizesse gritaria, esta era ressalvada quando houvesse "motivo justificado". Segue o poema:

Não galope sem razão,
nem faça galopar animais soltos
no calmo perímetro urbano.
Não faça, oh não faça
gritaria a desoras
salvo por motivo justificado.
Não invente batuque ou cateretê
que infernize o sono do vizinho.
Não cante ou reze alto, noite alta,
ao velar seu defunto.
Não escale muro de cemitério.

---

[215] *Idem*. Poema *Deveres*, presente originalmente no livro *Boitempo II (Menino antigo)* (1973). *In*: *Idem*. *Nova Reunião. 23 livros de poesia*. São Paulo: Companhia das Letras, 2015. p. 573.

Não suba nas árvores das aleias e nos monumentos
funerários.
Não lave nem estenda roupa branca
entre os túmulos.[216]

5.22 *Correio* (1973)

De acordo com o sítio eletrônico dos Correios, no dia 25 de janeiro de 1663, iniciou-se o serviço postal no Brasil, a partir da criação do cargo de Correios-Mor, nome dado à função de carteiro daquela época. Por sua vez, em 1931, a Repartição-Geral dos Telégrafos fundiu-se à Diretoria-Geral dos Correios, dando origem ao Departamento dos Correios e Telégrafos (DCT). Por fim, em 1969, a Empresa Brasileira de Correios e Telégrafos (ECT) foi criada, substituindo o DCT, com o objetivo de diversificar os serviços postais do país.[217]

A influência do serviço postal na vida dos brasileiros do início do século XX foi retratada por Drummond no poema *Correio*, publicado no livro *Boitempo II* (*Menino antigo*). Em um tempo em que as pessoas se comunicavam por cartas e telegramas, nas pequenas e isoladas cidades do interior do Brasil, o serviço postal era tão ou mais importante que a internet nos dias de hoje.

Nesse contexto, uma categoria de funcionário público era valorizada (ao menos pela sociedade): "O Agente do Correio está a postos com os filhos funcionários a seu lado. É família postal há muitos anos consagrada a esse ofício religioso".

Drummond destaca como a vida da pequena localidade se agitava diante da chega dos Correios:

A grande hora da chegada
do Correio.
Ninguém te escreve, mas que importa?
Correio é belo de chegar.
Surge no alto da ladeira
a mula portadora de malas,
trazendo o mundo inteiro no jornal.

---

[216] *Idem*. Poema *Proibições*, presente originalmente no livro *Boitempo II (Menino antigo)* (1973). *In*: *Idem*. *Nova Reunião. 23 livros de poesia*. São Paulo: Companhia das Letras, 2015. p. 574.

[217] Informações retiradas no sítio eletrônico dos Correios, disponível em: https://www.correios.com.br/correios360/linha-do-tempo#:~:text=2000%20%2D%202023-,1663,fun%C3%A7%C3%A3o%20de%20carteiro%20daquela%20%C3%A9poca. Acesso em: 12 abr. 2025.

O Agente do Correio está a postos
com os filhos funcionários a seu lado.
É família postal há muitos anos
consagrada a esse ofício religioso.
As malas borradas de lama
com registrados e impressos
que a chuva penetrante amoleceu
abrem-se perante os destinatários
como flores de lona
vindas de muito longe.
Cada família ou firma tem sua caixa aberta
onde se deposita a correspondência,
mas bom é recebê-la fresquinha das mãos
de Sô Fernando, que negaceia,
brinca de sonegar a carta urgente:
– Hoje não tem nada pra você.
– Mas eu vi, eu vi na sua mão.
– Engano seu. Quer um conselho?
Vai apanhar tiziu que está voando
lá fora.

Ver abrir a mala é coisa prima.
Traz as revistas de sábado
com três dias de viagem morro acima
abaixo acima, e o cheiro liso do papel
invadindo gravuras: Duque dança,
as barbas de Irineu bolem na brisa
do Senado, e na Rússia
o czar Nicolau tem o olhar vago
de quem vai ser fuzilado e ainda não sabe.

Tudo chega na hora
do Correio. A mula é mensageira
do Fato, e sabe
antes de nós toda a terrestre
aventura. Mal comeu
sua cota de milho, já prossegue
rumo do Itambé, levando o mundo.[218]

---

[218] ANDRADE, Carlos Drummond de. Poema *Correio*, presente originalmente no livro *Boitempo II (Menino antigo)* (1973). *In*: *Idem*. *Nova Reunião. 23 livros de poesia*. São Paulo: Companhia das Letras, 2015. p. 576.

5.23 *Anjo-guerreiro* (1973)

O poema em questão foi publicado no livro *Boitempo II* (*Menino antigo*), que aborda temas relacionados às lembranças dos primeiros anos da vida de Drummond. Até o advento da República, as Câmaras Municipais representavam a instância local do poder, tendo diversas funções administrativas.

No poema *Anjo-guerreiro*, Drummond traz à tona um episódio que ressalta como era difícil a Administração Pública exigir o cumprimento da lei àqueles que tinham poder nas mãos. O poema envolve a atuação de um fiscal da Câmara, que, de maneira corajosa, impôs uma medida administrativa contrária aos interesses de um Coronel (no caso, ele determinou o corte do fornecimento de água).

As motivações para esse ato são discutidas no poema: "foi por vingança, João Jiló?"; foi por política, não foi?". O poema segue com uma frase que demonstra que o suposto abuso administrativo só assim foi considerado porque atingiu pessoa importante: "ah, Jiló, isto não se faz com o Coronel nem com o sobrado".

Mas, como era de se esperar, esse ato não ficaria impune. O revanchismo e a violência da sociedade brasileira ficam claros no verso: "Sá Maria, machado em punho, já segue no teu encalço, pelos botecos te procura e pelos becos te reclama. A empregada do Coronel ofensas tais não admite. Quando a encontrastes, toma tento, foge, foge, João Jiló, ou antes, não fujas: abre a água para o Coronel".

O funcionário público, ao ser perseguido pelo exercício de suas funções administrativas, invoca "a autoridade, a lei, a prisão perpétua", mas não adianta; se o jagunço Sá Maria está "acima da lei, é a própria leoa negra do sobrado, anjo-guerreiro da família do Coronel".

O imbróglio se resolve com a imposição da lei, e não a do Estado, mais a do mais forte (a da liderança local), e a água do sobrado do Coronel volta a jorrar pelas torneiras.

> Ó João Jiló, fiscal da Câmara,
> por que foste cortar a água
> do sobrado do Coronel?
> A pena d'água estava paga,
> o coronel estava ausente.
> As panelas escureceram,
> os meninos morrem de sede,
> as camisas morrem de sujo.
> Foi por vingança, João Jiló?

Foi por política, não foi?
Ah, Jiló, isto não se faz
com o Coronel nem com o sobrado.

Sá Maria, machado em punho,
já segue no teu encalço,
pelos botecos te procura
e pelos becos te reclama.
A empregada do Coronel
ofensas tais não admite.
Quando a encontrastes, toma tento,
foge, foge, João Jiló,
ou antes, não fujas: abre
a água para o Coronel.

Não abres? Recusas? João,
ó João, insensato João,
já se ergue o fero machado
de rachar lenha e cabeça.
Invocas a autoridade,
a lei, a prisão perpétua?
Que importa, se Sá Maria,
acima da lei, é a própria
leoa negra do sobrado,
anjo-guerreiro da família
do Coronel.

Relumeia o ferro no espaço
e logo baixa, relampeante
sobre registro e encanamento.
Então pensavas, João Jiló,
que era para te matar,
a ti, simples fiscal da Câmara?
A água rebenta, libertada
da carceragem da política
e vai direta, vai esperta
para as panelas, os banheiros
e os meninos do Coronel.[219]

---

[219] *Idem*. Poema *Anjo-guerreiro*, presente originalmente no livro *Boitempo II* (*Menino antigo)* (1973). *In*: *Idem*. *Nova Reunião. 23 livros de poesia*. São Paulo: Companhia das Letras, 2015. p. 620.

5.24 *Mulher eleitora* (1979)

Drummond compôs o poema *Mulher eleitora*, publicado no livro *Boitempo III* (*Esquecer para lembrar*), para prestar homenagem a Maria Ernestina Carneiro Santiago Manso Pereira (1903-1995), mais conhecida como Mietta Santiago, advogada e poetisa mineira que lutou pelo direito ao voto das mulheres brasileiras, tendo sido uma das primeiras mulheres do país a exercer seus direitos políticos.

Mas como Mietta Santiago conseguiu essa proeza? Em 1928, ao perceber que a Constituição Brasileira de 1891 não vetava o voto feminino (o artigo 70 dizia: "São eleitores os cidadãos maiores de 21 anos que se alistarem na forma da lei"), ela ingressou na Justiça com um Mandado de Segurança e, "de forma inédita, conseguiu o direito de votar e concorrer ao cargo de deputada federal. Este fato teve grande repercussão em todo o Brasil".[220]

No poema, Drummond exalta o feito de sua conterrânea sufragista, que fez tremer "os trilhos da Central" e acendeu na "cidade inteira funcionária a suspeita de que Minas endoidece". Vamos conferir o poema:

> Mietta Santiago
> loura poeta bacharel
> Conquista, por sentença de Juiz,
> direito de votar e ser votada
> para vereador, deputado, senador,
> e até Presidente da República,
> Mulher votando?
> Mulher, quem sabe, Chefe da Nação?
> O escândalo abafa a Mantiqueira,
> Faz tremerem os trilhos da Central
> e acende no Bairro dos Funcionários,
> melhor: na cidade inteira funcionária,
> a suspeita de que Minas endoidece,
> já endoideceu: o mundo acaba.[221]

---

[220] Texto "Pioneiras sufragistas brasileiras e a conquista do voto feminino", publicado no sítio eletrônico *OPS! Pensador selvagem*, disponível em: https://opensadorselvagem.org/arquivo/demografia/pioneiras-sufragistas-brasileiras-e-a-conquista-do-voto-feminino. Acesso em: 12 abr. 2025.

[221] ANDRADE, Carlos Drummond de. Poema *Mulher eleitora*, presente originalmente no livro *Boitempo III* (*Esquecer para lembrar*) (1979). *In*: *Idem*. *Nova Reunião. 23 livros de poesia.* São Paulo: Companhia das Letras, 2015. p. 766.

5.25 *Lira itabirana* (1984)

O último poema selecionado neste livro não chegou a ser publicado nos livros de poesia de Carlos Drummond de Andrade, embora tenha passado a ser muito encontrado e repetido desde que ocorreram as tragédias ambientais de Mariana (2015) e Brumadinho (2019), em Minas Gerais.

De acordo com o jornal *Zero Hora*, "publicado em 1984 no jornal Cometa Itabirano, o poema não chegou a ganhar versão subsequente em livro – o que levou alguns portadores de antologias de poemas do autor a, em um primeiro momento, duvidar da autenticidade da citação, mas os versos são mesmo de Drummond".[222]

A grande e tardia repercussão desse poema teve como causa o alerta do poeta mineiro quanto aos "ais" e "lágrimas" que são derramados diante dos danos causados pela "amarga" atividade mineradora, realizada por "estatais e multinacionais", que deixa uma "dívida eterna" aos moradores das regiões afetadas. O poema termina como uma indagação (que, na verdade, é uma exortação à ação) de Drummond: "Quantas lágrimas disfarçamos sem berro?":

I
O Rio? É doce.
A Vale? Amarga.
Ai, antes fosse
Mais leve a carga.
II
Entre estatais
E multinacionais,
Quantos ais!
III
A dívida interna.
A dívida externa
A dívida eterna.

[222] Reportagem *Poema de Drummond sobre o Rio Doce, que circula em redes sociais, nunca foi publicado em livro*, publicado no sítio eletrônico do jornal *Zero Hora* em 17 de novembro de 2015, disponível em: https://gauchazh.clicrbs.com.br/geral/noticia/2015/11/poema-de-drummond-sobre-o-rio-doce-que-circula-em-redes-sociais-nunca-foi-publicado-em-livro-4905072.html. Acesso em: 12 abr. 2025.

IV
Quantas toneladas exportamos
De ferro?
Quantas lágrimas disfarçamos
Sem berro?[223]

[223] ANDRADE, Carlos Drummond de. Poema *Lira itabirana*, publicado em 1984 no jornal *Cometa Itabirano*, disponível em: https://gauchazh.clicrbs.com.br/geral/noticia/2015/11/poema-de-drummond-sobre-o-rio-doce-que-circula-em-redes-sociais-nunca-foi-publicado-em-livro-4905072.html. Acesso em: 12 abr. 2025.

CAPÍTULO 6

O SERVIÇO PÚBLICO NA CRÔNICA DE DRUMMOND

Drummond foi um grande cronista da sociedade brasileira durante várias décadas. Publicadas nos jornais, suas mais de 6 mil crônicas representam um importante registro da vida dos brasileiros, bem como suas questões sociais, culturais e políticas.

Ele considerava que a crônica "é um gênero menor e engraçado, que se enquadra exclusivamente no segundo caderno dos jornais. Esse tem, a meu ver, a função de corrigir o primeiro, que é um estoque fabuloso de terremotos, crimes e misérias".[224] Drummond se considerava mais cronista que poeta: "A minha produção jornalística é muito maior e incomparavelmente superior, do que a de poesia, mas me deram esse título de poeta, quando na realidade eu sou é jornalista. Eu fui jornalista desde rapazinho, desde estudante; então, aí me sinto muito bem, à vontade".[225]

Sobre o Drummond cronista, "por 30 anos a fio, acompanhou o café da manhã dos leitores nada menos que três vezes por semana. Primeiro, a partir de 1954, no Correio da Manhã. Depois, no Jornal do Brasil, desde outubro de 1969 até se despedir do colunismo, em setembro de 1984".[226] Ainda sobre essa questão:

---

[224] *Idem*. Entrevista a Maria Julieta, originalmente publicada em *O Globo* em janeiro de 1984. *In*: *Encontros Carlos Drummond de Andrade*. Organização: Larissa Pinho Alves Ribeiro. Rio de Janeiro: Azougue Editorial, 2011. p. 166.

[225] *Idem*. Entrevista a Gilberto Mansur, originalmente publicada na revista *Status* em julho de 1983. *In*: *Encontros Carlos Drummond de Andrade*. Organização: Larissa Pinho Alves Ribeiro. Rio de Janeiro: Azougue Editorial, 2011. p. 176.

[226] Texto "Carlos Drummond de Andrade", publicado no sítio eletrônico *Portal da Crônica Brasileira,* disponível em: https://cronicabrasileira.org.br/autores/14857/carlos-drummond-de-andrade. Acesso em: 12 abr. 2025.

Ao longo de seus 85 anos de vida, Drummond escreveu muito. E não apenas poemas e livros. Ele escreveu intensamente na imprensa. Segundo dados do Arquivo-Museu de Literatura Brasileira (AMLB) da Fundação Casa de Rui Barbosa, ele produziu mais de 6.000 textos. Sua colaboração com o *Correio da Manhã*, que durou de janeiro de 1954 a setembro de 1969, resultou em 2.422 crônicas. No Jornal do Brasil, para o qual colaborou de outubro de 1969 a setembro de 1984, ele produziu 2.304 escritos. Grande parte deste material já foi organizado e catalogado e está disponível para pesquisadores na própria instituição.[227]

Como também tratava incidentalmente de questões políticas, é natural que o leitor do século XXI queira saber que posição adotava Drummond em suas crônicas. Sobre esse aspecto:

> Afonso Romano de Sant'Anna, José Maria Cançado e Geneton Machado afirmaram que Drummond não assumirá o papel que poderia ter assumido nos anos de chumbo, citando o exemplo de Alceu Amoroso Lima, que deixando de apoiar o regime militar passará a militar intensamente contra ele. Afirmando que Drummond não teve no cenário político nacional uma presença à altura de seu prestígio, referiam-se certamente apenas ao período das crônicas do *Jornal do Brasil* (1969-1984), parecendo ter esquecido as crônicas do *Correio*, onde, pelo contrário Drummond manifestou sua opinião política sempre que isso lhe pareceu necessário. Não que tenha escrito crônica política, embora isso tenha acontecido de forma ocasional, escreveu sim crônicas nas quais a política faz irrupção, de repente, como o fantástico, à medida que os acontecimentos exigem (Poncioni, 2002, p. 149).[228]

Aos interessados em conhecer a extensa produção de crônicas de Carlos Drummond de Andrade, registre-se que:

> A maior parte de seu arquivo está sob a guarda da Fundação Casa de Rui Barbosa, no chamado Arquivo-Museu de Literatura Brasileira. A instituição foi inspirada pelo próprio Drummond, que em crônica de 1972 escreveu sobre uma "velha fantasia": um museu que reunisse o acervo dos escritores brasileiros. Entretanto, uma parte significativa desta produção está na *Academia Mineira de Letras*. Dez pastas reúnem 400 crônicas originais de Drummond dos anos 1960 e 1970. O material, um dos pontos altos do acervo de 30 mil itens da AML, está

---

[227] ESMARALDO. *Op. cit.*

[228] *Ibidem.*

na instituição desde 2004, quando foi adquirido pela Furnas Centrais Elétricas dos herdeiros do poeta itabirano.[229]

Drummond escreveu crônicas sobre temáticas muito caras à administração pública, como é o caso da participação popular, como em *Um cidadão* (1970):

> Sou dono desta nação. Nem sempre essa propriedade me acode a lembrança, e deixo-a entregue não sei bem a quem, ou a ninguém. Devia tê-la presente no meu cotidiano, mas confesso que sou preguiçoso, omisso, distraído e não sei mais o quê. E como geralmente não se lembram de me lembrar, fica tudo assim mesmo, com o Sr. Acaso fazendo mal e porcamente as minhas vezes de proprietário. Ah, não posso queixar-me. Se eu tivesse mais consciência de meus poderes, de minhas responsabilidades.[230]

Na crônica *É possível sair do caos?* (1984), Drummond exigia que a população fosse ouvida antes da tomada de decisões pelos poderes públicos:

> Porque as bases eleitorais, estas, nunca são consultadas, por duas razões, ou não existem, nas carreiras políticas fruto do acaso ou da longa e metódica aderência ao Poder, ou, se existirem, jamais são ouvidas nem cheiradas. Quando muito, recebem a comunicação do que foi decidido em nome delas.[231]

Sua experiência administrativa na proteção ao patrimônio cultural foi importante para a produção da crônica *Rendição de guarda* (1967):

> duas ou três mesas e cadeiras, um arquivo de aço, dinheiro nenhum, e muita coragem silenciosa para agir em termos nacionais, pesquisando, descobrindo, inventariando e recuperando o acervo disperso, oculto, desfigurado, em ruínas (...) A DPHAN existe, e goza de conceito internacional, embora em alguma cidade no interior de Minas ou da Bahia

---

[229] Texto "Conheça os tesouros de Drummond que a Academia Mineira de Letras guarda", publicado em 8 de agosto de 2021 no jornal *Estado de Minas*, disponível em: https://www.em.com.br/app/noticia/cultura/2021/08/08/interna_cultura,1293511/conheca-os-tesouros-de-drummond-que-a-academia-mineira-de-letras-guarda.shtml. Acesso em: 12 abr. 2025.

[230] ANDRADE, Carlos Drummond de. Crônica "Um cidadão". *In*: PENIDO, Luiza de Andrade. *Direitos Humanos nas entrelinhas das crônicas de Carlos Drummond de Andrade*. São Paulo: Blucher, 2022. p. 118.

[231] *Idem*. Crônica "É possível sair do caos?". *In*: PENIDO. *Op. cit.*, p. 140.

o senhor prefeito Fulustruca dos Bigodes teime em desrespeitar a ação do Patrimônio.[232]

A seguir, serão apresentadas sete crônicas de Drummond – especialmente catalogadas entre as mais de 6 mil que ele escreveu – que ressaltam como o poeta mineiro trazia para seus textos questões que envolviam a administração pública. Antes, todavia, convém presentear o leitor com duas crônicas, escritas por Paulo Mendes Campos e Beatriz Resende, sobre as qualidades de Drummond no serviço público.

6.1 *E agora, Drummond?*, crônica de Paulo Mendes Campos

Quando Carlos Drummond de Andrade se aposentou do serviço público, o amigo e conterrâneo Paulo Mendes Campos lhe dedicou uma crônica, publicada no dia 24 de fevereiro de 1962, na revista *Manchete*.

A crônica *E agora, Drummond?* faz um resumo da vida e da trajetória profissional de Drummond. Ela começa comparando o poeta mineiro a ninguém menos que Machado de Assis. O detalhe é que a comparação não se dá apenas em questões literárias, mas no vínculo de ambos com a administração pública:

> Machado de Assis, o artista mais sério que já houve no Brasil, foi um burocrata perfeito (um burocrata perfeito é quase o contrário de um perfeito burocrata). Carlos Drummond de Andrade, o poeta mais sério do Brasil, encerrou há pouco, aposentado, a sua carreira de burocrata perfeito. Os dois se parecem muito na reserva, no pudor, na ironia, no humour, na dignidade pessoal, na elisão sistemática de semostração pública. Literariamente, Machado de Assis deu inteligência à prosa brasileira; Drummond de Andrade deu inteligência ao verso. Esses dois homens magros e reticentes são dois monstros de energia na luta contra o nosso subdesenvolvimento intelectual. Este texto não é um artigo de crítica, mas uma notícia jornalística. Ora, se o crítico deve possuir um sentido muito desenvolvido dos fatos, que se dirá do jornalista! Alguns dos fatos são estes: Carlos Drummond de Andrade nasceu em Itabira, Minas Gerais, no ano de 1902. "Alguns anos vivi em Itabira. Principalmente nasci em Itabira. Por isso sou triste, orgulhoso: de ferro. Noventa por cento de ferro nas calçadas. Oitenta por cento

[232] *Idem*. Crônica *Rendição de guarda*, publicada no jornal *Correio da Manhã* em 28 de junho de 1967, disponível em: https://memoria.bn.gov.br/docreader/DocReader.aspx?bib=089842_07&pagfis=83449. Acesso em: 12 abr. 2025.

de ferro nas almas. E esse alheamento do que na vida é porosidade e comunicação. A vontade de amar, que me paralisa o trabalho, vem de Itabira, de suas noites brancas, sem mulheres e sem horizontes. E o hábito de sofrer, que tanto me diverte, é doce herança itabirana. De Itabira trouxe prendas diversas que ora te ofereço: este São Benedito do velho santeiro Alfredo Duval; este couro de anta, estendido no sofá da sala de visitas; este orgulho, esta cabeça baixa... Tive ouro, tive gado, tive fazendas. Hoje sou funcionário público. Itabira é apenas uma fotografia na parede. Mas como dói!" Para quem sabe ler, um poema basta. Já aqui se estampa o essencial: o perfil nítido e severo do homem e a alma difusa e intranquila do poeta. Expulso de um ginásio, por "insubordinação mental" (não pode existir melhor definição de escritor), o inesperado depois acontece: o poeta cola grau em Farmácia. Em 24 de fevereiro de 1922 (ué, eu ia nascer daí a quatro dias), a Ilustração Brasileira publicava a seguinte nota: "Carlos Drummond de Andrade é um dos novos escritores mineiros que, como tantos outros da sua geração, estreou feito, com um modo pessoal de sentir e contar as coisas. Esta página prova bem o que dizemos." A página nunca foi republicada pelo autor, como não o foram alguns poemas aparecidos na mesma revista. Naquela mesma época, realizava-se tumultuosamente em São Paulo a "Semana de Arte Moderna", que seria vinculada por Getúlio Vargas, uns 30 anos depois e via Lourival Fontes, à Revolução de 1930. Durante os *twenties*, ao contrário do que se passava nos Estados Unidos, o Brasil era triste, São Paulo era triste, Belo Horizonte era triste. Nesta última cidade (a mais peripatética do mundo, me disse uma vez Pedro Nava) morava o insubordinado mental Carlos Drummond de Andrade. A novidade de Minas eram os bondes e os moços: Drummond, Nava, Emílio Moura, Milton Campos, João Alphonsus, Abgar Renault, Afonso Arinos de Melo Franco... Conta este último em seu livro de memórias: "Minha convivência mais chegada era, então, com João Alphonsus e Carlos Drummond de Andrade. O grande, o altíssimo poeta, servia como redator-chefe do jornal do PRM, o velho Diário de Minas, que parecia uma espécie de mensagem espírita. Digo isso porque era ainda composto e impresso sem linotipos nem rotativa: ninguém, ou quase ninguém, o lia, e tinha, contudo, influência política. Carlos Drummond de Andrade dominava soberanamente a redação. João Alphonsus e eu obedecíamos docilmente às suas ordens e instruções. Carlos, com aquele senso de organização e aquela eficiência burocrática que se tornaram conhecidos no Ministério da Educação, distribuía tarefas, fiscalizava horários, tomava a sério a sua função, o que nos obrigava a fazer o mesmo com as nossas. Nessas coisas é que a gente sente o homem que coexiste com o grande poeta, e que com ele se ajusta tão perfeitamente, sem que ninguém prejudique o outro. Equilíbrio extraordinário este, entre o homem Drummond e o poeta Drummond. O poeta sempre tendendo a arrebentar e ironizar o mundo em que o homem se integra, em cujos melhores aspectos o homem se integra. O mais interessante é que não há dois Carlos, um negando o outro, senão que um só Carlos, que exprime solidariamente a contradição da vida e do mundo. Em todo caso desejo aqui insistir em que o redator-chefe mandava muito em seus subordinados." Mas belo Horizonte tem uma tradição de farras, românticas e subjetivamente dramáticas, nas madrugadas vazias. O álcool animava o angustiado peripatetismo sob os fícus. Na noite em que mais pungia a weltschmerz [dor ou cansaço do mundo], os jovens poetas mineiros iam, por alguns momentos, viver perigosamente nos altos de um viaduto acima da estação ferroviária. A proeza não matou ninguém e foi repetida, com a mesma inconsciência estrepitosa, pela minha geração. Há também uma história em que os rapazes tocam fogo na casa desdenhosa da namorada de um deles, não conto porque não sei direito. Havia ainda pancadarias políticas, literárias e esportivas, cabarés com francesas verdadeiras e espanholas de Montes Claros, e solidão, muita solidão. Quando minha turma conheceu pessoalmente Carlos Drummond de Andrade, que visitava Belo Horizonte com uns sapatos de camurça alinhadíssimos, ele se admirou de que mantivéssemos amizade com moças, lembrando que no seu tempo a convivência entre os sexos era de um rigor absurdo e melancólico. Em 1930, estreia em livro o poeta, com Alguma poesia: "Quando nasci, um anjo torto Desses que vivem na sombra Disse: Vai Carlos, ser gauche na vida." Poucos notaram que dessa vez surgia no Brasil um poeta de verdade. Os "modernistas" eram ridicularizados com alarme pelo séquito póstumo da Olavo Bilac. Um dos poemas de CDA ("No meio do caminho") tornou-se a pedra de toque da sensibilidade literária (literária é dispensável) brasileira: dividiram-se de um lado os nativos que acreditavam que no meio do caminho pode ter uma pedra; do outro, os que negavam de pés juntos essa possibilidade. Eu cresci e me fiz homem e muito ainda tive de discutir sobre a pedra no caminho. Não que o poema apresente qualquer coisa excepcional; a burrice é que era excepcional, não a burrice em si, mas a pior, a do preconceito, a da rotina mental. Uma pedra no meio do caminho de um poeta pode ser a burocracia. Carlos Drummond de Andrade, levado pela mão de Rodrigo M. F. de Andrade para o serviço público, em 1928, teve essa pedra na sua frente durante mais de 30 anos. A amizade entre esses dois homens é das mais bonitas e dignas. Aposentando-se, CDA confessa: "Ainda não sei bem o que é ser aposentado, pois o sou há poucas horas, e custa-me deixar a repartição onde, afinal, eu era feliz. O ceticismo que esses 30 e poucos anos de batente me inocularam não é negativo. Mentiria se dissesse que temos hoje um bom serviço civil; acho que piorou bastante. Por isto mesmo, essas ilhas de boa vontade e fervor, que se mantêm aqui e ali, são confortadoras e mostram que haverá sempre um servidor público disposto a exercer plenamente seu ofício, com probidade, imaginação e iniciativa, sob qualquer governo ou regime. E desses, conheci muitos." Mais de 30 anos de funcionalismo, mais de 30 anos de poesia. Se o servidor se recolhe ao lazer da casa da rua Joaquim Nabuco, o poeta ganha espaço, adquire uma certeza artística para a nossa incerteza humana. O poeta verdadeiro não se aposenta nunca, está sempre, cada novo dia, a tomar posse do mundo, ensinando-nos a sentir o que confusamente dizemos. Aqui está uma carreira que continuará indefinidamente. *Alguma poesia, Brejo das almas, Sentimento do mundo, José, A rosa do povo, Novos poemas, Claro enigma, Fazendeiro do ar, A vida passada a limpo.*

"E pergunto ao poeta
(uma esperança que não digo)
para onde vai – a que angra, serena,
a que Pasárgada, a que abrigo?

A palavra oscila no espaço um momento.
Eis que, sibilino,
entre as aparências sem rumo,
responde o poeta: Ao meu destino.

E foi-se para onde a intuição,
o amor, o risco desejado
o chamavam, sem que ninguém
pressentisse, em torno, o Chamado." [PMC][233]

6.2 *Um funcionário exemplar*, crônica de Beatriz Resende

Em texto publicado em 27 de outubro de 2002, no jornal *Folha de S.Paulo*, a professora titular da Faculdade de Letras da UFRJ Beatriz Resende presta homenagem a Carlos Drummond de Andrade chamando-o de "um funcionário exemplar". No texto, ela aborda o papel de Drummond nos tempos da gestão de Gustavo Capanema no Ministério da Educação e Saúde Pública:

> Neste final de regime, examinemos por instantes a categoria que lhe serviu de bode expiatório: os funcionários públicos. Tome-se qualquer um deles em sua pura e simples condição burocrática: homens e mulheres de bem, mal remunerados, geralmente frustrados, constrangidos pelo limitante cotidiano. Difícil imaginar que, entre o ponto a ser assinado, os feriados a serem conferidos, o chefe a ser contrariado e a verificação do contracheque lastimável, sobre tempo e emoção para praticar a

[233] CAMPOS, Paulo Mendes. Crônica *E agora, Drummond?*, publicada no sítio eletrônico *Crônica Brasileira,* disponível em: https://cronicabrasileira.org.br/cronicas/14708/e-agora-drummond. Acesso em: 12 abr. 2025.

melhor poesia, a prosa refinada, a crítica brilhante. Pois acontece. Difícil é a situação inversa: o poeta ou ficcionista que, além de grande autor, foi importante funcionário. Mesmo Mário de Andrade, com o seu sentimento de missão diante do patrimônio histórico, material ou imaterial, em carta a Paulo Duarte, de 17/12/39, dizia: "Minha vida de funcionário é relativamente amável, pois nem preciso ir à repartição e trabalho em casa". É aí que cabe lembrar o papel de Carlos Drummond de Andrade como funcionário público exemplar. Se olharmos o conjunto de suas atividades pela vida afora, porém, o espanto diminui. Cada entrega, cada dedicação, cada paixão vinha acompanhada de outra. Com a mão direita, fazia a melhor poesia brasileira. Com a esquerda ("gauche"), praticava a crônica, gênero efêmero, descartável como os jornais, polêmico e sedutor. Mineiro itabirano, muda-se para o Rio de Janeiro em 1934, e é com paixão que vai falar dessa cidade, das praias, das ruas, das demolições, dos habitantes, jovens ou velhos, surfistas ou homens públicos. Paixão outra, imediata, feita de aqui e agora, como é próprio das paixões adúlteras, despida do ar de saudade que circunda "boitemporalmente" a Minas de origem. O poeta vem para o Rio como chefe-de-gabinete de Gustavo Capanema (1900-1985), ministro de Educação e Saúde do Estado Novo getulista, e logo irá influenciar a vida da cidade. O primeiro grande projeto de Gustavo Capanema seria, para dar visibilidade à questão da educação e da saúde no Brasil, criar um espaço arquitetônico que se impusesse nacionalmente, abrigando em seu interior o que de melhor houvesse na produção artística brasileira. Surgirá, assim, o projeto do prédio do MEC, no centro do Rio, que, ao ser concluído, transforma-se no principal ícone do modernismo em cenário que até então lhe fora resistente. Dois momentos do longo processo de construção do prédio-monumento exemplificam a importância que teve o chefe-de-gabinete. A primeira é quando da decisão sobre que proposta arquitetônica escolher. Capanema instituíra um concurso de anteprojetos de que saiu vitorioso um trabalho de inspiração art déco, apresentado por Arquimedes Memória. O ministro, cercado por uma plêiade de assessores modernistas, teria ficado "desolado com o resultado do concurso".

Vinda de Le Corbusier

A conselho de Drummond, e percebendo que o concurso previa prêmio, mas não o vinculava à construção, decide-se por chamar Lúcio Costa para criar o prédio. Drummond, recorrendo inclusive aos conselhos de Mário de Andrade, é a maior influência sobre o "gosto" de Capanema. Lúcio Costa convence então o ministro, que convence Getúlio Vargas, a trazer ao Brasil o arquiteto Le Corbusier. É do traço rápido do pioneiro da arquitetura modernista na Europa que sai a ideia que será desenvolvida pela equipe, liderada por Lúcio Costa e completada por Oscar Niemeyer, Jorge Moreira, Afonso Reidy, Carlos Leão e Ernani Vasconcelos.

A segunda influência decisiva vai acontecer ao final da construção. Para a frente do prédio, Capanema desejava algo de grandioso e, como ninguém passa impune pelos regimes autoritários, pretendia colocar na entrada do prédio imensa escultura de cunho nacionalista: o "Homem Brasileiro".

Mas o que é o homem brasileiro? Que cara, altura, porte teria? Novamente Drummond interfere. Depois de consultas a antropólogos e outros estudiosos incumbidos de definir teoricamente como seria o tal "homem brasileiro", Capanema encomenda a grande estátua a Celso Antônio. Capanema quer um homem de perfil ariano. Celso acredita dever criar um mestiço sentado. Roquette-Pinto escreve ao ministro dizendo que jamais o homem brasileiro poderia ser representado sentado, mas sim em movimento. Diante do impasse, Drummond suspende o trabalho. Tenta-se Ernesto de Fiori. Também não dá certo. Drummond pede a Mário de Andrade que consiga de Brecheret a criação do tal homem. Mário se reconhece incapaz de insistir na encomenda, e o artista, de criá-la. Enfim o edifício é inaugurado em 1945 sem a estátua do "Homem Brasileiro", impossível de ser representado. Na parte da frente do edifício, o conjunto "Monumento da Juventude", e Bruno Giorgio, dá conta do recado.

Em 1945, Drummond se afasta de Capanema e vai editar, com o líder comunista Luís Carlos Prestes, a "Tribuna Popular". É Rodrigo Mello Franco de Andrade quem o leva de volta, no mesmo ano, ao serviço público. No mesmo ano publica "Rosa do Povo", em que aparece, no emocionante "Noite na Repartição": "Escreve romances, relatórios, cartas de suicídio, exposição de motivos,/ Mas escreve. Não te rendas ao inimigo. Escreve memórias".[234]

6.3 *Câmara e cadeia* (1947): duas faces estatais em um mesmo prédio

Nessa excelente crônica de 1947, Drummond conta uma história de uma Câmara de Vereadores que discutia o orçamento para o ano de 1920. O curioso é que, enquanto o Legislativo funcionava no primeiro andar, no mesmo prédio, no térreo se encontrava a cadeia.

No texto, entre outras preciosidades históricas descritas com muita ironia, vê-se que "o povo elegia nove representantes e desses nove somente cinco se dispunham a comparecer às sessões? E desses cinco, apenas dois discutiam os problemas do povo? E desses dois, um,

[234] RESENDE, Beatriz. *Um funcionário exemplo*, texto publicado na *Folha de S.Paulo* em 27 de outubro de 2002, disponível em: https://www1.folha.uol.com.br/fsp/mais/fs2710200217.htm. Acesso em: 12 abr. 2025.

só um – ele, que vivia cheio de serviço, defendia realmente os interesses da comunidade, e não os de classe?".

– Afinador de piano, em excursão, vinte e cinco mil reais.

– Quanto?

– Vinte e cinco mil.

– É um exagero. Às vezes o afinador não ganha isso durante a viagem. O Juca Silveira me contou. A principal fonte de renda dele é a criação de perus. E já paga imposto de indústria e profissão...

– Bem, se nós formos indagar dos contribuintes quanto é que eles querem pagar, a tesouraria fica sem recursos para comprar um maço de velas quando faltar luz. Seria preferível que eles mesmos fizessem o lançamento.

A Câmara Municipal discutia o orçamento para 1920, e os dois vereadores ponderavam ponto por ponto cada título da receita. O município é pobre, arrecada 72 contos por ano. Houve depressão na lavoura; há peste no gado; o empréstimo para instalação da luz elétrica vence juros penosos.

Para atender ao serviço de estradas, à instrução, às eleições, ao funcionalismo, a tanto compromisso, torna-se imperioso lançar novos impostos, criar taxas inéditas, como essa do afinador. Mas piano – quantos pianos terá o município? Quinze no máximo; dos quais, apenas uns cinco nos distritos: a taxa talvez não produza cinquenta mil reis. Uma ninharia, meu caro!

No calor da sala, os vereadores tentam levantar as finanças públicas. Salão muito quente, com efeito. Dá para a frente da praça, que recolhe o sol da tarde ao passo que a outra sala, olhando para a montanha e o vale profundo, recebe uma doce brisa em que narinas mais apuradas distinguem o perfume de árvores distantes, e os caçadores chegam a identificar um cheiro de anta.

No inverno, sim, a sala das sessões recomenda-se pelo aconchego – mas o orçamento é feito naquela época do ano em que as cigarras estouram e secam os córregos.

– Barbeiro com uma só cadeira, 20 mil réis na cidade; em outros lugares 18 mil. Cada mão de engenho de mineração, quando fabricada no país...

Os vereadores abanam-se com envelopes e folhinhas. Em frente à Câmara, agravando pelo som a sensação de calor, passa um carro de bois. Antes, passara o palhaço, com o seu séquito de moleques, anunciando o espetáculo da noite, com o grande drama da vida real, "Roca e Caleto", que, tinha um assassinato no bote.

Como é que eles figurariam o bote em movimento, no palco de pano?... – indagou de si mesmo Valdemar, o vereador que defendia a taxa de afinação de pianos; mas repeliu esse pensamento, como indigno de um edil que, além do mais, era professor de ginásio.

João Batista, adversário de todas as taxas (era comerciante), também se distraíra, ou simulava distrair-se, brincando com a corrente do relógio, que lhe pendia do ventre farto. O major Ponciano, representante do distrito de Palmitos, roncava placidamente.

O farmacêutico Meireles escrevia calado num caderninho, sem dúvida assuntos particulares. E o coronel Lindolfo, presidente da Câmara, "que não dava para aquilo", dir-se-ia, como sempre, padecer uma trágica dor de cabeça. Mãos na fronte, olhos cerrados, tinha uma cara de dor, enjoo tédio e resignação forçada. Como é duro presidir. Imaginem então o Epitácio, lá no Catete...

Faltava ainda examinar quinze tabelas, e Valdemar suspirou de cansado. E de irritado também. Então o povo elegia nove representantes e desses nove somente cinco se dispunham a comparecer às sessões? E desses cinco, apenas dois discutiam os problemas do povo? E desses dois, um, só um – ele, que vivia cheio de serviço, defendia realmente os interesses da comunidade, e não os de classe?

A batalha contra o comércio, representado por João Batista, era continua e deixava-o exausto. O povo precisava de escolas, de uma enfermaria nova no hospital em ruinas – mas João Batista não admitia que se cobrasse mais dos bilhares e das fábricas de aguardente. Ele, Valdemar, ficava com o papel odioso. Ora bolas!

Valdemar levantou-se, atravessou a sala, foi até os fundos do prédio para respirar um ar menos oficial. Os funcionários tinham saído. Da janela, a paisagem oferecia-se como um repouso. A cidade, tão seca, tão estrangulada de morros, perdia ali as suas limitações. A rampa verde conduzia ao fundo do vale, onde serpeava uma água tímida, mas reconfortante para a vista.

E do outro lado do córrego, a rua subia, caprichosa mas determinada, até o sopé da serra, que barrava o horizonte. Contornando à rua, árvores esparsas ou em bosque, pastagens, moitas de arbustos, caminhos que se interrompiam na verdura para surgir mais além. Poucos sinais do homem, e entre eles a boca da mina, lá longe, pequena mancha preta no dorso cinza-roxo da montanha. Do alto do casarão, o vereador sentiu o prazer de existir dentro da natureza, e olvidou por momentos o déficit municipal.

Dois andares na fachada principal, três na dos fundos – a casa estava assentada sobre uma ladeira, e aquele era um dos pontos de vista mais altos da cidade. Baixou os olhos até a ladeira gramada. Galinhas ciscavam – eram do fiscal da Câmara, não adiantava reclamar. Ciscavam minuciosamente junto às paredes da casa, chegavam até às – grades – pois lá em baixo, ao nível do chão, era a cadeia, onde os presos se distraiam jogando-lhes sobras de comida ou pequeninas coisas que as assustavam.

Valdemar nascera na cidade, e desde menino se acostumara com o espetáculo dos presos. Faziam objetos de taquara, madeira, desenhos de areia colorida sobre vidro. Com as mãos nas grades, contemplavam os escassos transeuntes que desciam a ladeira. Viam eternamente as mesmas árvores, fitavam a mesma serra. E cantavam.

Não era proibido conversar com eles, através dos ferros. Pareciam alegres quando alguém parava para dar uma prosa. Sempre houve presos. Os meninos achavam aquilo natural. Mas agora, já homem, Valdemar via-os de uma maneira diferente. Sabia da miséria deles, e achava estranho, ou quando menos desagradável, estar ali fruindo a paisagem e o ventinho, quando debaixo de seus pés homens humilhados se amontoavam confusamente, na semiescuridão e na umidade.

– Como fazer leis e cobrar impostos pisando sobre presos? Perguntava a si mesmo. A cadeia é a parte condenada da Câmara. Ao entrar, a gente não olha para a enxovia. Tem constrangimento ou talvez medo de perceber o que se passa lá dentro, naquela imundice. É certo que tudo corre por conta do governo do Estado, que não pensa em construir uma cadeia decente. Mas podemos concordar com essa vergonha?

E já não tinha gosto para sorver o ar da serra nem perder os olhos na mata. Uma simples tábua o separava de meia dúzia de criaturas embrutecidas, pisadas , que comiam, dormiam e faziam necessidades juntas, sobre um chão atijolado que não se lavava nunca. O ar pareceu-lhe empestado, como se de repente subisse até às alturas da Câmara o cheiro de mofo e de urina que pairava na parte baixa do edifício.

Um rumor fê-lo voltar-se. Vinha da sala as sessões, onde vozes alteradas se cruzavam. Valdemar deixou a sacada, foi correndo ver o que havia.

A sala perdura subitamente a fisionomia grave e sonolenta. Os vereadores estavam de pé, e tinham recuado para trás da mesa da presidência, o farmacêutico brandia uma cadeira, em atitude de ameaça e defesa. O major Ponciano estendia os braços, com as mãos espalmadas, como para fazer sustar o avanço de um inimigo afoito. João Batista media com os olhos a distância que o separava do corredor dos fundos, das sacadas da frente, de todos os pontos de saída ou refúgio; mas não se resolvia. E o coronel Lindolfo abria e fechava a boca, tentando articular uma palavra enérgica, porém a voz lhe faltava. Quatro rostos brancos. Em frente deles, a três metros de distância, estava um homem de pé no chão, em manga de camisa, calça de pano riscado, barba por fazer e olhos brilhantes.

– Retire-se! Exclamou afinal, o presidente da Câmara num esforço que lhe fazia tremer a barba. Ou antes, não se retire, fique preso aí mesmo. O sr. está preso ouviu? Está preso em nome da lei!

O intruso não se mostrava intimidado, mas indeciso. Olhava um pouco espantado para aqueles homens que se encolhiam, e quase sorriu; talvez lhe agradasse aumentar o susto dos vereadores. Tinha esperado, por certo, ser atacado e subjugado depois de muita luta; não podia crer que o poder público, tão majestoso, se refugiasse atrás de uma mesa.

Foi quando percebeu a chegada de Valdemar. O primeiro impulso deste foi atirar-se ao desconhecido. O movimento assim claro, determinou outro de preocupação da parte contrária. Os dois fitaram-se, Valdemar deteve-se. Mesclando-se à curiosidade, uma brusca simpatia paralisou-lhe os gestos, ao verificar pela roupa do homem que ele devia ser um dos presos da cadeia.

Meireles fazia-lhe sinais desesperados, alertando-o; e como fossem inúteis, advertiu:

– Não chegue perto dele, professor! É um criminoso perigosíssimo! Daquela morte das Duas Pontes!

Do grupo atemorizado partiam exclamações e murmúrios.

– Onde está o diabo desse destacamento que não aparece?

– Que fim levou o cabo? Com certeza jogando nalgum botequim. Não faz outra coisa.

– Os soldados devem estar bêbados!

– Quem sabe se ele matou o carcereiro? Não compreendo como pode sair de lá!

– Precisamos providenciar!

O coronel procurava impor-se:

– O senhor está preso, repetiu. Vamos, renda-se à autoridade!

– Preso? disse o criminoso. Preso eu já estou há dois anos. O sr. não pode me prender outra vez, coronel. Afinal eu não fugi, apenas subi a escada…

A objeção deixou perplexo o agente executivo, mas o farmacêutico acudiu a seu favor:

– Como não fugiu? Pois se ousa até desacatar a Câmara, interrompendo os nossos trabalhos! Volta já para a enxovia, depressa! Se não quer que usemos de violência…

– Calma, retrucou o detento. Não vim fazer mal a ninguém. Estou descansando. Podem me revistar: não tenho um canivete.

– Como foi que chegou até aqui? perguntou-lhe Valdemar em um tom sereno.

– A porta estava aberta, ou por outra, eu abri a porta. Lá embaixo fazia muito calor…

– E os outros?

– Os outros ficaram, respondeu calmamente o preso. A maioria está doente por causa da comida (é uma lavagem de porcos) e da falta de exercício. Não quiseram me acompanhar. E eu não teimei com eles.

Os vereadores se sentiam-se mais confortados. Afinal, um assassino não é tão perigoso como se pinta. Aquele era moço – rosto de vinte e cinco anos, apenas envelhecido pela barba e pela magreza. Não seria um rústico. Fisicamente até simpático. Ou estaria engabelando os presentes para depois puxar de uma faca e sangrá-los?

A queda de tensão sucede nova tensão. O medo reúne os homens, faz de quatro deles, numa sala, um bolo só. Nessa alternativa escoam-se momentos preciosos para os vereadores e para o preso.

Mas o tempo trabalha a favor da Câmara. É impossível que não apareça algum soldado, mesmo ébrio. O secretário, o amanuense, o fiscal geral surgirão a qualquer instante, ou, se também andarem escondidos nalgum buraco, hão de pedir socorro. E a cidade libertará os seus representantes.

– Vamos sentar um pouco, disse Valdemar, aproximando-se e batendo de leve no ombro do preso.

Sentaram-se, em meio ao espanto dos outros.

– Engraçado, tem dois anos que eu não sei o que é uma cadeira. É macio, heim?

Apalpava com agrado a palhinha do assento, mas sentara somente na ponta. No seu abandono, parecia disposto a saltar, ao menor gesto suspeito de Valdemar. Que delícia, estar ali em cima (sempre cismava em que estariam fazendo aqueles velhotes que pisavam duro sobre sua cabeça), interrompendo a sessão da Câmara, calmamente pousado numa cadeira de braços, livre da tristeza dos companheiros!

– Agora me diga uma coisa continuou Valdemar. Sabe que não é direito isso que você fez?

O outro riu sacudindo os ombros.

– Ah, moço, se o senhor vivesse naquele chiqueiro... Não é só porcaria. É uma porção de coisas. Por mais que a gente trabalhe o tempo não passa. Então de noite, no escuro, nem avalia. Só isso de não ficar um minuto sozinho. Já pensou em viver dez, vinte anos numa sala, sempre com as mesmas pessoas? Desculpe a confiança, mas mesmo sendo com a sua família o sr. suportava? Se ao menos dessem uma cela para cada um de nós, como fazem com as doidas e as mulheres da vida. Não. É tudo misturado. Roupa, suor, pé, barriga. Então parece que até as faltas se misturam, e eu já nem sei mais os erros que carrego nas minhas costas... Além do meu é claro.

Os vereadores vinham se aproximando, entre curiosos e prudentes.

– Mas afinal você saiu para fazer o que?

– Eu? (ficou algum tempo hesitando, à procura de palavras). Nada. Sai porque não aguentava mais e dei um jeito na fechadura...

– E já que você saiu o que é que vai fazer agora?

O homem passou a mão na testa, encarou Valdemar:

– Moço, o senhor está perguntando demais.

E depois de uma pausa:

– Então o senhor não sabe o que vai fazer um cristão quando fica livre da grade? Que faz um passarinho fora da gaiola?

– Às vezes não sabe mais voar, e é pego de novo, respondeu filosoficamente Valdemar.

O outro riu de novo.

– É, pode ser. Mas sempre é bom experimentar, não acha? Olhe, se eu não experimentasse o cadeado...

Valdemar percebia que um jogo estava se desenvolvendo de resultado incerto. Não podia prolongar indefinidamente a conversa com o preso. Sentia-o pronto a aproveitar o menor descuido para evadir-se.

A maneira compreensiva como o tratava tinha-o cativado talvez, mas o encanto se romperia a qualquer momento, se é que havia encanto, e não simplesmente cálculo. De resto, a cena parecia regida pelo acaso e haveria no preso a tendência para se confiar aos vai-vens desse acaso. Antes de fugir, ele queria, quem sabe? zombar daqueles homens importantes.

– Escute. Se você em vez de subir tivesse saído pela porta da rua, eu não iria atrás para pegá-lo. Não é meu ofício. Mas você veio cá em cima, confessou ter escapado por um jeito que deu na fechadura. Sinto muito, meu filho, mas eu vou levar você de novo lá para baixo. E é já.

– Não me encoste! Gritou o preso, dando um pulo e tirando do bolso alguma coisa que apertava na mão. Essa carinha limpa não me engana. Tudo é igual! E chega de conversa! Adeus, minha gente…

Foi saindo de costas, muito ágil, mão erguida e fechada e sumiu como evaporado do calor. Valdemar ainda quis persegui-lo, num gesto mais formal do que instintivo, mas o farmacêutico travou-lhe do braço:

Está doido?! – e daí, ele simpatizara tanto com o preso, a cadeia lá embaixo era tão repugnante… A polícia que se arranjasse. Chegando à sacada, viu ainda o homem que desaparecia num beco.[235]

6.4 *Autorretrato* (1948): a ambição de ser bom servidor como Machado de Assis[236]

Como o título já indica, a crônica *Autorretrato* foi escrita por Carlos Drummond de Andrade para se autodescrever. Em um dos trechos mais interessantes do texto, ele ressalta que era "funcionário em comissão, muito metódico e fiel aos preceitos burocráticos, que põe acima dos estéticos e dos políticos" e continua afirmando que "talvez ambicione com isso aproximar-se do inimitável diretor de Secretaria que foi Machado de Assis. Como servidor público, pode ser visto em seu gabinete à rua Álvaro Alvim, atendendo simultaneamente a três telefones, recebendo vinte pessoas e lavrando vertiginosamente despachos de 'arquive-se', 'cumpra-se' e 'não há verba'".

[235] ANDRADE, Carlos Drummond de. Crônica *Câmara e Cadeia*, publicada no *Correio da Manhã* em 9 de março de 1947. *In*: *Idem*. *Contos de Aprendiz*. 42. ed. Rio de Janeiro: Record, 2002. p. 51-59. Disponível em: https://viladeutopia.com.br/camara-e-cadeia. Acesso em: 12 abr. 2025.

[236] *Vide* CARVALHO. *Op. cit.*, 2024.

Diz o espelho:

O sr. Carlos Drummond é um razoável prosador que se julga bom poeta, no que se ilude. Como prosador, assinou algumas crônicas e alguns contos que revelam certo conhecimento das formas graciosas de expressão, certo "humor" e malícia. Como poeta, falta-lhe tudo isso e sobram-lhe os seguintes defeitos: é estropiado, antieufônico, desconceituoso, arbitrário, grotesco e tatibitate.

O maior de nossos críticos passados, presentes e futuros, o sr. Pontes, que tirou do próprio nome essa consistência de cimento armado, característica do seu estilo, incumbiu-se de lembrar-lhe todos os dias que ele não é poeta; que poeta, só B. Lopes e Theodore de Banville.

Mas o sr. Drummond teima em não escutar a lição desse douto espírito, e a todo o momento nos oferece mesquinhas produções poéticas, de o sr. Drummond de Andrade passa por ser o autor de um poema (?) ou que melhor nome me tenha a que o título "No meio do caminho". Essa produção corre mundo e é considerada obra de gênio, ora monumento de estupidez. Na realidade, não é nenhuma dessas coisas, nem pertence ao estro do sr. Drummond.

Com efeito, a quem se der o trabalho de examinar lhe o texto verificará que se trata tão somente da repetição, oito vezes seguidas, dos substantivos "meio", "caminho" e "pedra", ligados por preposições, artigos e um verbo. Não há nisto poema algum, bom ou mau. Há apenas alguns vocábulos, que podem ser encontrados facilmente no "Pequeno Dicionário Brasileiro de Língua Portuguesa", revisto pelo sr. Aurélio Buarque de Holanda. Esse pequeno fato literário fez despertar em alguns julgadores a suspeita de que se trata de um mistificador. Tem-se por vezes a impressão do que o sr. Drummond se diverte com o escândalo produzido por seus escritos, escândalos de que emergem as seguintes opiniões a seu respeito: "É um burro". "É um louco". É superior a Castro Alves e igual a Baudelaire". Alguns traços pessoais do referido escritor contribuem para aumentar essa dúvida.

O sr. Drummond de Andrade é um indivíduo oculto, como certos sujeitos da oração, ausente mesmo usa no trato social palavras poucas e frias. Não é visto no Amarelinho nem na Livraria José Olympio. Uns acham-no tímido, outros, convencido.

Quando está caceteado na presença de outro escritor costuma acariciar a orelha com a ponta dos dedos, à procura de um fio de cabelo, que arranca discretamente. Em geral não ri. Apenas uma vez foi visto a esboçar um leve sorriso, devido a uma pilheria oral e mímica do sr. Marques Rebelo. Dizem que o romancista da "Estrela sobe" considera esse fato como um dos seus maiores triunfos.

No conjunto das exterioridades significativas do seu temperamento, há a assimilar que o sr. Drummond mais uma vez se contradiz, passando de escritor a homem prático. Se aquele é abstruso e não raro exotérico, este é funcionário em comissão, muito metódico e fiel aos preceitos burocráticos, que põe acima dos estéticos e dos políticos.

Talvez ambicione com isso aproximar-se do inimitável diretor de Secretaria que foi Machado de Assis. Como servidor público, pode ser visto em seu gabinete à rua Álvaro Alvim, atendendo simultaneamente a três telefones, recebendo vinte pessoas e lavrando vertiginosamente despachos de "arquive-se", "cumpra-se" e "não há verba".

Alguns prejudicados por esse último gênero de despacho insinuam que toda a sua atividade é fictícia, e que os negócios públicos caminhariam da mesma maneira ou melhor se ele, em vez de trabalhar, fosse a uma sessão de cinema.

Outro ponto a esclarecer. Não há muita coisa interessante na vida do sr. Carlos Drummond de Andrade, embora ele pense o contrário. Tem explorado largamente o fato de haver nascido em Itabira, cidade mineira do ferro, como se isto constituísse uma singularidade.

Também já publicou que foi expulso pelos jesuítas de Friburgo e que não é bacharel em direito, nem médico, nem engenheiro; é gente apenas. Dir-se-ia alimentar, entre outros preconceitos, o anticlerical e o antiuniversitário, o que já deixou de ser uma originalidade.

Quanto aos seus críticos, dão extrema importância ao fato de ser ele um homem magro, no físico e na poesia, ao contrário (segundo os mesmos críticos), do sr. Augusto Frederico Schimidt, considerado gordo por dentro, isto é, literariamente, e por fora.

É talvez uma nova teoria da crítica literária, que se ensaia no Brasil: a da balança de armazém, para pesar banhas, ossos e letras. Se amanhã, com a velhice que chega, o sr. Drummond engordar e o sr. Schimidt emagrecer, terá de ser revista a classificação de ambos.

Por último, e do ponto de vista dos meridianos literários, que o sr. Viana Moog pôs novamente em moda, o sr. Drummond é um escritor de centro-sul, mas pouco fiel ao seu clã, pois vive de namoro com os escritores do norte. Será um mascarado? É, pelo menos, um sujeito esquisito.[237]

6.5 *A rotina e a quimera (quase toda literatura brasileira é literatura de funcionários públicos)* (1952): Drummond fala dos servidores escritores

A consolidada tradição brasileira de servidores públicos escritores é analisada com muita acuidade por Carlos Drummond de

[237] ANDRADE, Carlos Drummond de. Crônica *Autorretrato*, publicado no *Diário de Natal (RN)* em 25 de julho de 1948. Disponível em: https://viladeutopia.com.br/autorretrato. Acesso em: 12 abr. 2025.

Andrade, um dos que mais conhecimento sobre a matéria tinha, nessa crônica publicada no *Correio da Manhã* e depois recolhida no livro *Passeios na Ilha* (1952).

Com maestria, Drummond sustenta que a rotina proporcionada pelo emprego na burocracia é exatamente o elemento que gera a inspiração artística criadora, pois o funcionário utiliza a rotina como uma espécie de "veículo de fuga, sorte de tapete mágico, em que o funcionário embarca, arrebatando consigo a doce ou amarga invenção, que irá maravilhar outros indivíduos, igualmente prisioneiros de outras rotinas, por este vasto mundo de obrigações não escolhidas".

> Sempre se falou mal de funcionários, inclusive dos que passam a hora do expediente escrevendo literatura. Não sei se esse tipo de burocrata-escritor existe ainda. A racionalização do serviço público, ou o esforço por essa racionalização, trouxe modificações sensíveis ao ambiente de nossas repartições, e é de crer que as vocações literárias manifestadas à sombra de processos se hajam ressentido desses novos métodos de trabalho. Sem embargo, não se terão estiolado de todo, tão forte é, no escritor, a necessidade de exprimir-se, dentro ou fora da rotina que lhe é imposta. Se não escrever no espaço de tempo destinado à produção de ofícios, escreverá na hora do sono ou da comida, escreverá debaixo do chuveiro, na fila, ao sol, escreverá até sem papel – no interior do próprio cérebro, como poetas prisioneiros da última guerra, que voltaram ao soneto como uma forma que por si mesma grava na memória.
>
> E por que se maldizia tanto o literato-funcionário? Porque desperdiçava os minutos de seu dia, reservados aos interesses da nação, no trato de quimeras pessoais. A nação pagava-lhe para estudar papéis obscuros e emaranhados, ordenar casos difíceis, promover medidas úteis, ouvir com benignidade as "partes". Em vez disso, nosso poeta afinava a lira, nosso romancista convocava suas personagens, e toca a povoar o papel da repartição com palavras, figuras e abstrações que em nada adiantam à sorte do público.
>
> É bem verdade que esse público, logo em seguida, ia consolar-se de suas penas na trova do poeta ou no mundo imaginado pelo ficcionista. Mas, sem gratidão especial ao autor, ou talvez separando neste o artista rond-de-cuir [burocrata], para estimar o primeiro sem reabilitar o segundo.
>
> O certo é que um e outro são inseparáveis, ou antes, este determina aquele. O emprego do Estado concede com que viver de ordinário sem folga, e essa é condição ideal para bom número de espíritos: certa mediania que elimina os cuidados imediatos, porém não abre perspectiva de ócio absoluto. O indivíduo tem apenas a calma necessária para refletir na mediocridade de uma vida que não conhece a fome e nem o fausto: sente o peso dos regulamentos, que lhe compete observar ou fazer observar; o papel barra-lhe a vista dos objetos naturais, como

uma cortina parda. É então que intervém a imaginação criadora, para fazer desse papel precisamente o veículo de fuga, sorte de tapete mágico, em que o funcionário embarca, arrebatando consigo a doce ou amarga invenção, que irá maravilhar outros indivíduos, igualmente prisioneiros de outras rotinas, por este vasto mundo de obrigações não escolhidas.

Retire-se tal rotina ao temperamento literário a que me reporto, e cessará sua veia criadora. Instalado confortavelmente num escritório de capitão de indústria, já não se produzirá essa inconformidade entre o real e o individual, que tantas vezes gera a obra de arte. As forças de ação aplicam-se ao objeto imediato, e o homem fabricará as coisas de uso cotidiano, planejará a competição nos mercados, desprezará tanto o ofício das letras como as frágeis produções de seus oficiais.

Cortem-se os víveres ao mesmo temperamento, e as questões de subsistência imediata, sobrelevando a quaisquer outras, igualmente lhe extinguirão o sopro mágico. Há, é claro, os exemplares da boêmia ou da miséria fecunda, que nos legaram obras imperecíveis. Mas aqui se trata de certo tipo de criador literário, aquele que não ama velejar por mares lendários nem ancorar à sombra do botequim: o escrito homem-comum, despido de qualquer romantismo, sujeito a distúrbios abdominais, em geral preso à vida civil pelos laços do matrimônio, cauteloso, tímido, delicado. A organização burocrática situa-o, protege-o, melancoliza-o e inspira-o.

Observa-se que quase toda a literatura brasileira, no passado como no presente, é literatura de funcionários públicos. Nossa figura máxima, aquela que podemos mostrar ao mundo como a que mais e desenganadamente aprofundou entre nós os negócios do coração humano, foi o diretor-geral de contabilidade do Ministério da Viação, Machado de Assis; e nas suas mãos, como lembra a sra. Lúcia Miguel Pereira: "a pena de burocrata não foi menos tocante instrumento de trabalho, nem menor penhor de independência e dignidade do que a ferramenta de operário nas de Spinoza".

Raul Pompeia, diretor de estatística do Diário Oficial e da Biblioteca Nacional; Olavo Bilac, inspetor escolar no Rio; Alberto de Oliveira, diretor de instrução no estado do Rio, como também o foram José Veríssimo e Franklin Távora, respectivamente no Pará e em Pernambuco; Aluísio Azevedo, oficial-maior no estado do Rio e cônsul; Araújo Porto-Alegre, cônsul; Mário de Alencar, diretor de biblioteca na Câmara; Mário Pederneiras, taquígrafo no Senado; Gonzaga Duque, oficial da Fazenda na prefeitura do Rio; B. Lopes, empregado nos Correios, como Hermes Fontes; Ronald de Carvalho, praticante de secretaria e depois oficial do Itamaraty; Coelho Neto, diretor de Justiça no estado do Rio; Humberto de Campos, inspetor federal de ensino; João Ribeiro e Capistrano de Abreu, oficiais da Biblioteca Nacional; Guimarães Passos, arquivista da mordomia da Casa Imperial; Augusto de Lima, diretor do arquivo público de Minas; Araripe Júnior, oficial do Ministério do Império; Emílio de Menezes, funcionário do recenseamento, Raimundo

> Correia, diretor de Finanças do governo mineiro em Ouro Preto; Luís Carlos Pereira e Silva, da Central do Brasil; Ramiz Galvão e Constâncio Alves, respectivamente diretor e chefe de seção da Biblioteca Nacional; José de Alencar, diretor e consultor da Secretaria de Justiça; Farias Brito, secretário de governo no Ceará; Lúcio de Mendonça , delegado de instrução pública em Campanha; Manuel Antônio de Almeida, administrador da Tipografia Nacional e oficial da Secretaria da Fazenda; Lima Barreto, oficial da secretaria da Guerra (escrevia romances nas costas do papel almaço, usado, da repartição); João Alphonsos, funcionário da Secretaria das Finanças em Minas; o grande Gonçalves Dias, oficial da Secretaria de Estrangeiros... Mas seriam páginas e páginas de nomes, atestando o que as letras devem à burocracia, e como esta se engrandece com as letras, mesmo através de contato fortuito, como foi o caso de alguns exemplos citados sem método.
>
> Sem método, escrevo tais coisas pensando nos poetas, nos contistas, nos ensaístas que a esta hora ainda não sabem o que o são, e lentamente se elaboram na Diretoria de Águas, no lapse, na Divisão de Fomento da Produção Vegetal. Há que contar com eles, para que prossiga entre nós certa tradição meditativa e irônica, certo jeito entre desencantado e piedoso de ver, interpretar e contar os homens, as ações que eles praticam, suas dores amorosas e suas aspirações profundas – o que talvez só um escritor-funcionário, ou um funcionário-escritor, seja capaz de oferecer-nos, ele que constrói, sob a proteção da Ordem Burocrática, o seu edifício de nuvens, como um louco manso e subvencionado.[238]

6.6 *Facultativo* (1954): é para trabalhar ou não?

Com muito humor e ironia, Drummond aborda um tema genuinamente administrativo: o ponto facultativo nas repartições públicas brasileiras. O mote para a crônica de 1954 é a incoerência do fato de a presença ao trabalho ser, em tese, facultativa, com a dispensa generalizada do comparecimento ao serviço.

Na crônica, narra-se a saga de um servidor público que resolve trabalhar no dia que foi considerado ponto facultativo. Drummond chega a afirmar que "nossas repartições atingiram tal grau de dinamismo e fragor que chega a ser desejável o não comparecimento de 90 por cento dos funcionários, para que os restantes possam, na calma, produzir um bocadinho".

[238] *Idem*. Crônica *A rotina e a quimera*, publicada no *Correio da Manhã* e depois recolhida no livro *Passeios na Ilha* (1952), disponível em: https://sibila.com.br/critica/a-rotina-e-a-quimera-quase-toda-literatura-brasileira-e-literatura-de-funcionarios-publicos/10677. Acesso em: 12 abr. 2025.

A crônica termina com uma ironia: nesse caso do ponto facultativo, o facultativo é obrigatório, assim como o obrigatório é facultativo, como quando a Constituição e milhares de leis "declaram obrigatórias milhares de coisas, e essas coisas, na prática, são facultativas ou inexistentes".

FACULTATIVO

1 Estatuto dos Funcionários, artigo 240: – O dia 28 de outubro será consagrado ao Servidor Público‖ (com maiúsculas).

2 Então é feriado, raciocina o escriturário, que, justamente, tem um – programa‖ na pauta para essas emergências. Não, responde-lhe o Governo, que tem o programa de trabalhar; é consagrado, mas não é feriado.

3 É, não é, e o dia se passou na dureza, sem ponto facultativo. Saberão os groenlandeses o que seja ponto facultativo? (Os brasileiros sabem.) É descanso obrigatório, no duro. João Brandão, o de alma virginal, não entendia assim, e lá um dia em que o Departamento Meteorológico anunciava: —céu azul, praia, ponto facultativo‖, não lhe apetecendo a casa nem as atividades lúdicas, deliberou usar de sua – faculdade‖ de assinar o ponto no Instituto Nacional da Goiaba, que, como é do domínio público, estuda as causas da inexistência dessa matéria-prima na composição das goiabadas.

4 Hoje deve haver menos gente por lá, conjeturou; ótimo, porque assim trabalho à vontade. Nossas repartições atingiram tal grau de dinamismo e fragor, que chega a ser desejável o não comparecimento de 90 por cento dos funcionários, para que os restantes possam, na calma, produzir um bocadinho. E o inocente João via no ponto facultativo essa virtude de afastar os menos diligentes, ou os mais futebolísticos, que cediam lugar à turma dos – caxias.

5 Encontrou cerradas as grandes portas de bronze, ouro e pórfiro, e nenhum sinal de vida nos arredores. Nenhum – a não ser aquele gato que se lambia à sombra de um tinhorão. Era, pela naturalidade da pose, o dono do jardim que orna a fachada do Instituto, mas – sentia-se pela ágata dos olhos – não possuía as chaves do prédio.

6 João Brandão tentou forçar as portas, mas as portas mantiveram-se surdas e nada facultativas. Correu a telefonar de uma confeitaria para a residência do chefe, mas o chefe pescava em Mangaratiba, jogava pingue-pongue em Correias, estudava holandês com uma nativa, na Barra da Tijuca; o certo é que o telefone não respondeu. João decidiu-se a penetrar no edifício galgando-lhe a fachada e utilizando a vidraça que os serventes sempre deixam aberta, na previsão de casos como esse, talvez. E começava a fazê-lo, com a teimosia calma dos Brandões, quando um vigia brotou da grama e puxou-o pela perna.

7 – Desce daí, moço. Então não está vendo que é dia de descansar?

8 – Perdão, é dia em que se pode ou não descansar, e eu estou com o expediente atrasado.
9 – Desce – repetiu o outro, com tédio. – Olha que te encanam se você começa a virar macaco pela parede acima.
10 – Mas e o senhor, por que então está vigiando, se é dia de descanso?
11 – Estou aqui porque a patroa me escaramuçou, dizendo que não quer vagabundo em casa. Não tenho para onde ir, tá bem?
12 João Brandão aquiesceu, porque o outro, pelo tom de voz, parecia disposto a tudo, inclusive a trabalhar de braço, a fim de impedir que ele trabalhasse de pena. Era como se o vigia lhe dissesse: —Veja bem, está estragando meu dia. Então não sabe o que quer dizer facultativo? ‖ João pensava saber, mas nesse momento teve a intuição de que o verdadeiro sentido das palavras não está no dicionário; está na vida, no uso que delas fazemos. Pensou na Constituição e nos milhares de leis que declaram obrigatórias milhares de coisas, e essas coisas, na prática, são facultativas ou inexistentes. Retirou-se, digno, e foi decifrar palavras cruzadas.[239]

6.7 *Sonho de uma noite de abril* (1957): o labirinto burocrático dos regulamentos

Com muita experiência em assuntos ligados à burocracia estatal, não deve ter sido difícil para Drummond escrever a crônica ora em destaque, publicada em 1957. *Sonho de uma noite de abril* trata da odisseia da declaração do Imposto de Renda, uma das torturas burocráticas que o cidadão brasileiro passa todo o ano, em especial diante do emaranhado de normas jurídicas que disciplinam o tema.

Com brilhantismo, Drummond cria um diálogo kafkiano entre um contribuinte e um decreto. Imperdível! Confira:

Penumbra. Escritório. Homem, com as mãos à cabeça, fuma e pensa na vida. Alto-falante:
– Já fez sua declaração de imposto de renda?
– Que renda? Que declaração? Recebi, gastei, estou sem nenhum.
– Prepara tua declaração de imposto de renda!
– Mas…
– Até 30 de abril, improrrogavelmente!
Batem à porta. Homem vai abrir. Entra uma forma gorda, que dá 210 voltas, senta-se e contempla o homem. Este:

---

[239] *Idem*. Crônica *Facultativo*. *In*: *Idem*. *Fala, amendoeira*. São Paulo: Companhia das Letras, 2012.

– Quem és tu?

– Sou o Decreto nº 40.702, que aprova o regulamento do imposto de renda.

– E vais me explicar tudo?

– Tudinho. Sou simples e prático. Tenho só 210 artigos, em que consolidei toda a literatura sobre o assunto.

– Literatura?

– Sim. Queres ver? (Bate palmas. Entram pela janela, como besouros, quinze formas diferentes, umas compridas, outras curtinhas, esta pomposa, aquela pífia.) Vou apresentar... *Ladies first*. (Apontando) Lei nº 154. Lei nº 2.354. Lei nº 2.862. Lei nº 2.973.

As leis cumprimentam cerimoniosamente e tomam assento no sofá-cama, com ares majestáticos.

Homem: – Mas pra que tanta lei?

40 702: – Agora os senhores decretos-leis: 5.844, 6.071, 7.885, 9.330, 9.407, 9.781. Não está faltando alguém?

Os decretos-leis, cheirando a Estado Novo, abanam o rabo negativamente e ficam de pé, ao fundo.

40.702: – Bem. Temos ainda os decretos. Aproximem-se. São o 3.079, o 36.597, o 36.773, o 38.250. Ah, aquele gordão é o 24.239, com seu regulamento. Tudo isso eu condensei, numa espécie de "seleções". Mas se tiveres alguma dúvida – vejo que sim, por teu ar pacóvio –, hás de consultar alguns ou todos eles...

Ruído. Os decretos-leis tentam barrar um senhor distinto, meio calvo, que introduziu o nariz na sala.

40.702: – Quem é?

– É o Código Civil, dizendo que também quer entrar.

– Deixa. Tem um artigo que me interessa. O Código entra, ressabiado.

Homem (aterrorizado): – E agora, José?

40.702: – Bem. Agora é só me leres com recolhimento, como a um texto metafísico, e encheres este formulário-sanfona, que te dou de graça. Não vais me esconder nada, hem? Pagarás só quatro vezes: o imposto cedular, o complementar, o adicional e o percentual de proteção à família. É facílimo. Até 60 mil cruzeiros não pagas nada, por um lado; por outro, pagas 1, 2, 3, 5 ou 10%, conforme a cédula. Tens direito a descontar 50 mil para custeio de tua esposa. Se ela gastar mais do que isso, azar teu. Idem quanto a filhos. Pagas 50 mil do colégio, por ano, para cada um? O colégio sai de graça, pois deduzes justamente essa importância; o resto da despesa fica por isso mesmo. Se tiveres mais de 25 anos e não te casares, é espeto: 15%. Casa, e barateia. O complementar é de uma clareza de água: de 61 mil a 90 mil, pagas 30 cruzeiros por conto; de 91 a 120, pagas 50; de 121 a 150, morres em 80; de 151 a 200, em 110; de...

– Tudo não é o mesmo dinheiro, ganho do mesmo modo?

– Não. À medida que ganhas mais, pagas mais. Salvo acima de 3 milhões, quando passarás a pagar meio conto por conto, até o infinito. Quer dizer: se fores pessoa jurídica, poderás reavaliar o ativo, e não pagas nada. Mas sendo pessoa física, simplesmente...

– Ordenado é renda?

– Por que não? Tudo é renda. Se não for renda para ti, é para o Estado. Não tens um biquinho no Instituto? Recebes e restituis; mas restituis a ti mesmo, porque o Estado é a cooperativa dos cidadãos. Ou não é?

Homem tem uma vertigem. Leis, decretos-leis e decretos, armados de aparelhos de microfilmagem (art. 206 do 40.702), precipitam-se sobre ele, auscultam-no – está morto – e dançam lentamente, em torno do cadáver, ao som da sanfona-formulário, uma pavana de Ravel, em adaptação de J. Coringa.[240]

6.8 *A doutora Nise* (1975): a admiração do poeta por uma servidora ímpar

Quando foi divulgada a notícia que Nise da Silveira (1905-1999) estaria sendo aposentada compulsoriamente do serviço público (ao completar 70 anos de idade), Carlos Drummond de Andrade, grande admirador da médica alagoana, publicou uma belíssima crônica no *Jornal do Brasil* sobre a trajetória de Nise, que revolucionou a psiquiatria brasileira e mundial ao humanizar e introduzir novas terapias ao tratamento conferido aos pacientes que sofriam doenças mentais.[241]

Nise permaneceu no serviço público entre 1933 e 1975, tendo sido escolhida, em 2022, como heroína nacional, a primeira vinda do serviço público civil. Certamente, o texto de Drummond bem que poderia ter sido utilizado como defesa de tal escolha, contestada pelo presidente da República à época.

Conforme destacou o poeta mineiro, "Nise debruçou-se sobre a mente cheia de mistério dos que não participavam do nosso modo comum de viver e exprimir-se e em cerca de 30 anos de observação, estímulo e carinho, extraiu deles alguma coisa profundamente comovedora e de enorme interesse psicológico".

Há visível engano nos registros burocráticos referentes à funcionária federal, Nível 22-A, Dra. Nise da Silveira. Segundo os papéis oficiais,

[240] *Idem*. Crônica *Sonho de uma noite de abril*, publicada em 1957. *In*: *Idem*. *A bolsa e o livro*. São Paulo: Companhia das Letras, 2012. p. 41.

[241] *Vide* CARVALHO, Fábio Lins de Lessa. *Nise da Silveira e a administração pública. Reflexões sobre a trajetória de uma heroína no serviço público*. Belo Horizonte: Fórum, 2023.

a aludida servidora atingirá, no próximo dia 10 de janeiro, a idade-limite que determina aposentadoria compulsória. A contagem deve estar certa, se baseada em certidão de nascimento. Mas cumpre excluir do total 15 meses em que a Dra. Nise não trabalhou nem viveu vida normal, pois esteve presa. Seria justo descontar-lhe da idade esse tempo vazio, por um lado, e cheio de angústia, por outro. Graciliano Ramos, nas Memórias do Cárcere, dá testemunho da passagem da Dra. Nise pelo túnel da prisão política, de resto injusta, pois o Tribunal de Segurança acabou por absolvê-la de imaginários crimes. Não lhe restituiu, porém, o ano e tanto de vida sequestrada, durante a qual, no dizer de Graciliano, fugia-lhe às vezes a palavra e um desassossego verdadeiro transparecia em seu rosto pálido, os grandes olhos moviam-se tristes. Atravessando o túnel, era como se ela não existisse mais, tanto que, classificada em 4º lugar no concurso, viu nomeados todos os candidatos até o 3º lugar, com exclusão de sua pessoa. Nise na compulsória? Corrijam os números, senhores escriturários, pois tudo isso, conta, e muito, existencialmente. Não contou foi no íntimo de Nise da Silveira para torná-la criatura amarga e revoltada, que daí por diante abominasse o gênero humano. Pelo contrário. Restituída à atividade médica especializada, em cargo público que na aposentadoria lhe proporcionará os proventos de Cr$1mil740, dedicou-se a uma obra em que o interesse científico é amalgamado com o interesse humano, e toda pesquisa envolve amor ao ser – o ser distanciado da imprecisa fronteira do normal – o fechado em si, o supostamente ininteligível, o esquizofrênico. Nise debruçou-se sobre a mente cheia de mistério dos que não participavam do nosso modo comum de viver e exprimir-se, e em cerca de 30 anos de observação, estímulo e carinho, extraiu deles alguma coisa profundamente comovedora e de enorme interesse psicológico. Seu Serviço de Terapia Ocupacional abriu um caminho para a interpretação de valores obscuros, em potencial no espírito atormentado: o caminho da criação artística. Sem pretensão de formar criadores no sentido em que lhes atribui a disciplina estética. Sem querer aumentar o catálogo de nossos pintores, escultores, gravadores. Nise interroga o inconsciente e consegue que dele aflorem as representações artísticas espontâneas, prova de que nem tudo em seus autores é caos ou aniquilamento: perduram condições geradoras de uma atividade bela, a serem devidamente estudadas visando ao benefício do homem futuro, tornando mais transparente em suas grutas interiores. Resultado desse trabalho que seduziu outros psiquiatras e discípulos, levando-os a cooperar com a frágil e forte pessoa de Nise, é o Museu de Imagens do Inconsciente, sobre cuja sorte pairam hoje interrogações: não o estando ainda integrado legalmente na estrutura do Ministério da Saúde, embora portaria ministerial de 1973 lhe reconhecesse a existência, que será dele com a aposentadoria de Nise? Irá vegetar, marcar passo, regredir, acabar melancolicamente?

> Para evitar que isto aconteça, fundou-se a Sociedade de Amigos do Museu de Imagens do Inconsciente. Não é comum ver-se um funcionário que se aposenta suscitar iniciativa desta ordem para preservar-lhe as realizações no serviço público. Deve ser mesmo caso único. Para se justificarem como entidade, os amigos do Museu, que são os amigos de Nise, precisam ficar atentos e ativos, não deixando que tal instituição seja roída pela indiferença burocrática. Os museus não valem nada como depósitos de cultura ou experiências acumuladas, mas como instrumentos geradores de novas experiências e renovação de cultura. Só assim deve ser entendido o maravilhoso acervo de obras recolhidas ao museu que é alma e vida de Nise. Do contrário, é o caso de apelar para sua criadora, esquecendo-lhe a aposentação compulsória, no verso do cantor maranhense: Nise? Nise? Onde estás? Aonde? Aonde?
>
> Jornal do Brasil, 2 de janeiro de 1975.[242]

6.9 *Ciao* (1984): a última crônica

Drummond já passava dos 80 anos quando escreveu sua última crônica ("*Ciao*", que significa "tchau", em italiano), publicada no Caderno B da edição de 29 de setembro de 1984 do *Jornal do Brasil*.

Registre-se que "em sua última crônica, o autor relembra fatos marcantes e conta uma história em terceira pessoa até percebermos que a personagem principal é o próprio autor. Drummond escreve sobre a arte de fazer crônicas e se despede de seus leitores usando a 'palavra-tudo' gratidão. É um texto belíssimo".[243]

> Há 64 anos, um adolescente fascinado por papel impresso notou que, no andar térreo do prédio onde morava, um placar exibia a cada manhã a primeira página de um jornal modestíssimo, porém jornal. Não teve dúvida. Entrou e ofereceu os seus serviços ao diretor, que era, sozinho, todo o pessoal da redação. O homem olhou-o, cético, e perguntou:
>
> – Sobre o que pretende escrever?
>
> – Sobre tudo. Cinema, literatura, vida urbana, moral, coisas deste mundo e de qualquer outro possível.
>
> O diretor, ao perceber que alguém, mesmo inepto, se dispunha a fazer o jornal para ele, praticamente de graça, topou. Nasceu aí, na velha Belo

---

[242] ANDRADE, Carlos Drummond de. Crônica *A Doutora Nise*. *In*: MELLO, Luiz Carlos. *Nise da Silveira*: caminhos de uma psiquiatra rebelde. Rio de Janeiro: Automática, 2014. p. 263. Disponível em: https://www.professorjailton.com.br/novo/biblioteca/a_doutora_nise_carlos_drummond_de_andrade.pdf. Acesso em: 12 abr. 2025.

[243] Texto "A última crônica de Drummond", publicado no sítio eletrônico *Odisseia* em 20 de agosto de 2020, disponível em: https://odisseiaconsultoria.com/2020/08/20/a-ultima-cronica-de-drummond. Acesso em: 12 abr. 2025.

Horizonte dos anos 20, um cronista que ainda hoje, com a graça de Deus e com ou sem assunto, comete as suas croniquices.

Comete é tempo errado de verbo. Melhor dizer: cometia. Pois chegou o momento deste contumaz rabiscador de letras pendurar as chuteiras (que na prática jamais calçou) e dizer aos leitores um *ciao*-adeus sem melancolia, mas oportuno.

Creio que ele pode gabar-se de possuir um título não disputado por ninguém: o de mais velho cronista brasileiro. Assistiu, sentado e escrevendo, ao desfile de 11 presidentes da República, mais ou menos eleitos (sendo um bisado), sem contar as altas patentes militares que se atribuíram esse título. Viu de longe, mas de coração arfante, a Segunda Guerra Mundial, acompanhou a industrialização do Brasil, os movimentos populares frustrados, mas renascidos, os ismos de vanguarda que ambicionavam reformular para sempre o conceito universal de poesia; anotou as catástrofes, a Lua visitada, as mulheres lutando a braço para serem entendidas pelos homens; as pequenas alegrias do cotidiano, abertas a qualquer um, que são certamente as melhores.

Viu tudo isso, ora sorrindo ora zangado, pois a zanga tem seu lugar mesmo nos temperamentos mais aguados. Procurou extrair de cada coisa não uma lição, mas um traço que comovesse ou distraísse o leitor, fazendo-o sorrir, se não do acontecimento, pelo menos do próprio cronista, que às vezes se torna cronista do seu umbigo, ironizando-se a si mesmo antes que outros o façam.

Crônica tem essa vantagem: não obriga ao paletó-e-gravata do editorialista, forçado a definir uma posição correta diante dos grandes problemas; não exige de quem a faz o nervosismo saltitante do repórter, responsável pela apuração do fato na hora mesma em que ele acontece; dispensa a especialização suada em economia, finanças, política nacional e internacional, esporte, religião e o mais que imaginar se possa. Sei bem que existem o cronista político, o esportivo, o religioso, o econômico etc., mas a crônica de que estou falando é aquela que não precisa entender de nada ao falar de tudo. Não se exige do cronista geral a informação ou comentários precisos que cobramos dos outros. O que lhe pedimos é uma espécie de loucura mansa, que desenvolva determinado ponto de vista não ortodoxo e não trivial e desperte em nós a inclinação para o jogo da fantasia, o absurdo e a vadiação de espírito. Claro que ele deve ser um cara confiável, ainda na divagação. Não se compreende, ou não compreendo, cronista faccioso, que sirva a interesse pessoal ou de grupo, porque a crônica é território livre da imaginação, empenhada em circular entre os acontecimentos do dia, sem procurar influir neles. Fazer mais do que isso seria pretensão descabida de sua parte. Ele sabe que seu prazo de atuação é limitado: minutos no café da manhã ou à espera do coletivo.

Com esse espírito, a tarefa do croniqueiro estreado no tempo de Epitácio Pessoa (algum de vocês já teria nascido nos anos a.C. de 1920? duvido)

> não foi penosa e valeu-lhe algumas doçuras. Uma delas ter aliviado a amargura de mãe que perdera a filha jovem. Em compensação alguns anônimos e inominados o desancaram, como a lhe dizerem: "É para você não ficar metido a besta, julgando que seus comentários passarão à História". Ele sabe que não passarão. E daí? Melhor aceitar as louvações e esquecer as descalçadeiras.
>
> Foi o que esse outrora-rapaz fez ou tentou fazer em mais de seis décadas. Em certo período, consagrou mais tempo a tarefas burocráticas do que ao jornalismo, porém jamais deixou de ser homem de jornal, leitor implacável de jornais, interessado em seguir não apenas o desdobrar das notícias como as diferentes maneiras de apresentá-las ao público. Uma página bem diagramada causava-lhe prazer estético; a charge, a foto, a reportagem, a legenda bem feitas, o estilo particular de cada diário ou revista eram para ele (e são) motivos de alegria profissional. A duas grandes casas do jornalismo brasileiro ele se orgulha de ter pertencido — o extinto Correio da Manhã, de valente memória, e o Jornal do Brasil, por seu conceito humanístico da função da Imprensa no mundo. Quinze anos de atividade no primeiro e mais 15, atuais, no segundo, alimentarão as melhores lembranças do velho jornalista.
>
> E é por admitir esta noção de velho, consciente e alegremente, que ele hoje se despede da crônica, sem se despedir do gosto de manejar a palavra escrita, sob outras modalidades, pois escrever é sua doença vital, já agora sem periodicidade e com suave preguiça. Ceda espaço aos mais novos e vá cultivar o seu jardim, pelo menos imaginário.
>
> Aos leitores, gratidão, essa palavra-tudo.[244]

Querido Drummond, somos nós que o agradecemos por tudo, por toda uma vida dedicada aos amigos, ao Brasil, à literatura, ao serviço público. Ninguém como você soube "manejar a palavra escrita", seja em cartas, em poemas, em crônicas e mesmo em atos administrativos.

A legião de admiradores de sua obra literária é imensa, mas também é importante que você seja conhecido (e reconhecido) por sua profunda e íntima relação com a administração pública. Assim, em especial, nós o agradecemos por sua presença marcante no serviço público brasileiro por mais de 35 anos, por seus exemplos (apresentados neste livro) enquanto servidor público dedicado e eficiente.

Se você não planejou ser servidor público, quis o destino que você lá chegasse. Afinal, como você mesmo afirmava, "é possível ser

---

[244] ANDRADE, Carlos Drummond de. Crônica *Ciao*, publicada originalmente na edição de 29 de setembro de 1984 do Caderno B do *Jornal do Brasil*, encontrada no texto "Ciao: a última crônica de Carlos Drummond de Andrade", disponível em: https://brasilescola.uol.com.br/literatura/ciao-ultima-cronica-carlos-drummond-andrade.htm. Acesso em: 12 abr. 2025.

burocrata com paixão e gastar neste como em qualquer outro gênero de vida toda a nossa força de amar, de brigar, de sofrer e de ser feliz".

De onde estiver, saiba que você conseguiu algo que parecia impossível aos olhos de muita gente: conciliar na mesma frase e com a harmonia as palavras poesia e burocracia. Muito obrigado.

Fábio Lins de Lessa Carvalho
Maceió (AL), 2025

CRONOLOGIA

Dados extraídos de: https://www.carlosdrummond.com.br/conteudos/visualizar/Cronologia. Acesso em: 27 mar. 2025.

1902 Nasce Carlos Drummond de Andrade – nono filho de Carlos de Paula Andrade, fazendeiro, e Julieta Augusta Drummond de Andrade – em 31 de outubro, na cidade de Itabira do Mato Dentro (MG).

1910 Inicia o curso primário no Grupo Escolar Dr. Carvalho Brito.

1916 É matriculado como aluno interno no Colégio Arnaldo, em Belo Horizonte. Conhece Gustavo Capanema e Afonso Arinos de Melo Franco. Interrompe os estudos por motivo de saúde.

1917 De volta a Itabira, toma aulas particulares com o professor Emílio Magalhães.

1918 Aluno interno do Colégio Anchieta da Companhia de Jesus, em Nova Friburgo, colabora na Aurora Colegial. No único exemplar do jornalzinho *Maio…*, de Itabira, seu irmão, Altivo, publica seu poema em prosa *Onda*.

1919 É expulso do colégio em consequência de um incidente com o professor de português. Motivo: "insubordinação mental".

1920 Acompanha sua família em mudança para Belo Horizonte.

1921 Publica seus primeiros trabalhos no *Diário de Minas*. Frequenta a vida literária de Belo Horizonte. Faz amizade com Milton Campos, Abgar Renault, Emílio Moura, Alberto Campos, Mário Casassanta, João Alphonsus, Batista Santiago, Aníbal Machado, Pedro Nava, Gabriel Passos, Heitor de Sousa e João Pinheiro Filho, *habitués* da Livraria Alves e do Café Estrela.

1922 Seu conto *Joaquim do Telhado* vence o concurso da Novela Mineira. Trava contato com Álvaro Moreyra, diretor de *Para Todos…* e *Ilustração Brasileira*, no Rio de Janeiro, que publica seus trabalhos.

1923 Ingressa na Escola de Odontologia e Farmácia de Belo Horizonte.

1924 Conhece, no Grande Hotel de Belo Horizonte, Blaise Cendrars, Mário de Andrade, Oswald de Andrade e Tarsila do Amaral, que regressam de excursão às cidades históricas de Minas Gerais.

1925 Casa-se com Dolores Dutra de Morais. Junto a Martins de Almeida, Emílio Moura e Gregoriano Canedo, participa do lançamento de *A Revista*.

1926 Sem interesse pela profissão de farmacêutico, cujo curso concluíra no ano anterior, e não se adaptando à vida rural, passa a lecionar Geografia e Português em Itabira. Volta a Belo Horizonte e, por iniciativa de Alberto Campos, ocupa o cargo de redator e depois redator-chefe do *Diário de Minas*. Villa-Lobos compõe uma seresta sobre o poema *Cantiga de viúvo* (que iria integrar *Alguma poesia*, seu livro de estreia).

1927 Nasce, em 22 de março, seu filho Carlos Flávio, que morre meia hora depois de vir ao mundo.

1928 Nascimento de sua filha, Maria Julieta. Publica *No meio do caminho* na *Revista de Antropofagia*, de São Paulo, dando início à carreira escandalosa do poema. Torna-se auxiliar na redação da Revista do Ensino, da Secretaria de Educação.

1929 Deixa o *Diário de Minas* e passa a trabalhar no Minas Gerais, órgão oficial do estado, como auxiliar de redação e, pouco depois, redator.

1930 *Alguma poesia*, seu livro de estreia, tem tiragem de quinhentos exemplares sob o selo imaginário de Edições Pindorama, de Eduardo Frieiro. Assume o cargo de auxiliar de gabinete de Cristiano Machado, secretário do Interior. Passa a oficial de gabinete quando o amigo Gustavo Capanema assume o cargo.

1931 Morre seu pai.

1933 Redator de *A Tribuna*. Acompanha Gustavo Capanema durante os três meses em que este foi interventor federal em Minas.

1934 Volta às redações: *Minas Gerais*, *Estado de Minas* e *Diário da Tarde* simultaneamente. Publica *Brejo das almas* (duzentos exemplares) pela cooperativa *Os Amigos do Livro*. Transfere-se para o Rio de Janeiro como chefe de gabinete de Gustavo Capanema, novo ministro da Educação e Saúde Pública.

1935 Responde pelo expediente da Diretoria-Geral de Educação e é membro da Comissão de Eficiência do Ministério da Educação.

1937 Colabora na *Revista Acadêmica*, de Murilo Miranda.

1940 Publica *Sentimento do mundo*, distribuindo os 150 exemplares da tiragem entre amigos e escritores.

1941 Mantém na revista *Euclides*, de Simões dos Reis, a seção "Conversa de Livraria", assinada por "O Observador Literário". Colabora no suplemento literário de *A Manhã*.

1942 Publica *Poesias* na prestigiosa editora José Olympio.

1943 Sua tradução de *Thérèse Desqueyroux*, de François Mauriac, vem a lume sob o título *Uma gota de veneno*.

1944 Publica *Confissões de Minas*.

1945 Publica *A rosa do povo* e *O gerente*. Colabora no suplemento literário do *Correio da Manhã* e na *Folha Carioca*. Deixa a chefia do gabinete de Capanema e, a convite de Luís Carlos Prestes, figura como codiretor do diário comunista *Tribuna Popular*. Afasta-se meses depois por discordar da orientação do jornal. Trabalha na Diretoria do Patrimônio Histórico e Artístico Nacional (DPHAN), na qual, mais tarde, se tornará chefe da Seção de História, na Divisão de Estudos e Tombamento.

1946 Recebe o Prêmio de Conjunto de Obra, da Sociedade Felipe d'Oliveira.

1947 É publicada sua tradução de *Les Liaisons dangereuses*, de Laclos.

1948 Publica *Poesia até agora*. Colabora em Política e Letras. Acompanha o enterro de sua mãe em Itabira. Na mesma hora, no Teatro Municipal do Rio de Janeiro, é executado o "Poema de Itabira", de Villa-Lobos, a partir de seu poema *Viagem na família*.

1949 Volta a escrever no *Minas Gerais*. Sua filha, Maria Julieta, casa-se com o escritor e advogado argentino Manuel Graña Etcheverry e vai morar em Buenos Aires. Participa do movimento pela escolha de uma diretoria apolítica na Associação Brasileira de Escritores. Contudo, junto a outros companheiros, desliga-se da sociedade em virtude de atritos com o grupo esquerdista.

1950 Viaja a Buenos Aires para acompanhar o nascimento do primeiro neto, Carlos Manuel.

1951 Publica *Claro enigma, Contos de aprendiz* e *A mesa*. O volume *Poemas* é publicado em Madri.

1952 Publica *Passeios na ilha* e *Viola de bolso*.

1953 Exonera-se do cargo de redator do Minas Gerais ao ser estabilizada sua situação de funcionário da DPHAN. Vai a Buenos Aires para o nascimento do neto Luis Mauricio. Na capital argentina, aparece o volume *Dos poemas*.

1954 Publica *Fazendeiro do ar & Poesia até agora*. É publicada sua tradução de *Les Paysans*, de Balzac. A série de palestras "Quase memórias", em diálogo com Lia Cavalcanti, é veiculada pela Rádio Ministério da Educação. Dá início à série de crônicas *Imagens*, no *Correio da Manhã*, mantida até 1969.

1955 Publica *Viola de bolso novamente encordoada*. O livreiro Carlos Ribeiro publica uma edição fora de comércio do *Soneto da buquinagem*.

1956 Publica *Cinquenta poemas escolhidos pelo autor*. Sai sua tradução de *Albertine disparue, ou La Fugitive*, de Marcel Proust.

1957 Publica *Fala, amendoeira* e *Ciclo*.

1958 Uma pequena seleção de seus poemas é publicada na Argentina.

1959 Publica *Poemas*. Ganha os palcos sua tradução de *Doña Rosita la Soltera*, de García Lorca, pela qual recebe o Prêmio Padre Ventura.

1960 É publicada sua tradução de *Oiseaux-Mouches Ornithorynques du Brésil*, de Descourtilz. Colabora em *Mundo Ilustrado*. Nasce em Buenos Aires seu neto Pedro Augusto.

1961 Colabora no programa *Quadrante*, da Rádio Ministério da Educação. Morre seu irmão, Altivo.

1962 Publica *Lição de coisas, Antologia poética* e A *bolsa & a vida*. Aparecem as traduções de *L'Oiseaubleu*, de Maeterlinck, e *Les Fourberies* de Scapin, de Molière, recebendo por esta novamente o Prêmio Padre Ventura. Aposenta-se como chefe de seção da DPHAN após 35 anos de serviço público.

1963 Aparece sua tradução de *Sult (Fome)*, de Knut Hamsun. Recebe, pelo livro *Lição de coisas*, os prêmios Fernando Chinaglia, da União Brasileira de Escritores, e Luísa Cláudio de Sousa, do PEN Clube do Brasil. Inicia o programa Cadeira de Balanço, na Rádio Ministério da Educação.

1964 Publicação de *Obra completa*, pela editora Aguilar. Início das visitas, aos sábados, à biblioteca de Plínio Doyle, evento mais tarde batizado de "Sabadoyle".

1965 Publicação de *Antologia poética* (Portugal); *In the Middle of the Road* (Estados Unidos); e *Poesie* (Alemanha). Com Manuel Bandeira, edita *Rio de Janeiro em prosa & verso*. Colabora em *Pulso*.

1966 Publicação de *Cadeira de balanço* e *Nattenoch Rosen* (Suécia).

1967 Publica *Versiprosa, José & outros, Uma pedra no meio do caminho: biografia de um poema, Minas Gerais (Brasil, terra e alma), Mundo, vasto mundo* (Buenos Aires) e *Fyzika Strachu* (Praga).

1968 Publica *Boitempo & A falta que ama*.

1969 Passa a colaborar no *Jornal do Brasil*. Publica *Reunião* (dez livros de poesia).

1970 Publica *Caminhos de João Brandão*.

1971 Publica *Seleta em prosa e verso*. Sai em Cuba a edição de *Poemas*.

1972 Publica *O poder ultrajovem*. Suas sete décadas de vida são celebradas em suplementos pelos maiores jornais brasileiros.

1973 Publica *As impurezas do branco, Menino antigo, La bolsa y la vida* (Buenos Aires) e *Réunion* (Paris).

1974 Recebe o Prêmio de Poesia da Associação Paulista de Críticos Literários.

1975 Publica *Amor, amores*. Recebe o Prêmio Nacional Walmap de Literatura. Recusa, por motivo de consciência, o Prêmio Brasília de Literatura, da Fundação Cultural do Distrito Federal.

1977 Publica *A visita, Discurso de primavera* e *Os dias lindos*. É publicada na Bulgária uma antologia intitulada *Sentimento do mundo*.

1978 A editora José Olympio publica a segunda edição (corrigida e aumentada) de *Discurso de primavera e algumas sombras*. Publica *O marginal Clorindo Gato e 70 historinhas*, coletânea de pequenas histórias selecionadas em seus livros de crônicas. *Amar-Amargo* e *El poder ultrajoven* saem na Argentina. A PolyGram lança dois LPs com 38 poemas lidos pelo autor.

1979 Publica *Poesia e prosa, revista e atualizada*, pela editora Nova Aguilar. Sai também seu livro *Esquecer para lembrar*.

1980 Recebe os prêmios Estácio de Sá, de jornalismo, e Morgado Mateus (Portugal), de poesia. Publicação de *A paixão medida, En Rost at Folket* (Suécia), *The Minus Sign* (Estados Unidos), *Poemas* (Holanda) e *Fleur, téléphone et jeunefille...* (França).

1981 Publica, em edição fora de comércio, *Contos plausíveis*. Com Ziraldo, lança *O pipoqueiro da esquina*. Sai a edição inglesa de *The Minus Sign*.

1982 Aniversário de oitenta anos. A Biblioteca Nacional e a Casa de Rui Barbosa promovem exposições comemorativas. Recebe o título de doutor *honoris causa* pela Universidade Federal do Rio Grande do Norte. Publica *A lição do amigo*. Sai no México a edição de *Poemas*.

1983 Declina do Troféu Juca Pato. Publica *Nova reunião* e o infantil *O elefante*.

1984 Publica *Boca de luar* e *Corpo*. Encerra sua carreira de cronista regular após 64 anos dedicados ao jornalismo.

1985 Publica *Amar se aprende amando, O observador no escritório, História de dois amores* (infantil) e *Amor, sinal estranho* (edição de arte). Lançamento comercial de *Contos plausíveis*. Publicação de *Fran Oxen Tid* (Suécia).

1986 Publica *Tempo, vida, poesia*. Sofrendo de insuficiência cardíaca, passa catorze dias hospitalizado. Sai a edição inglesa de *Travelling in the Family*.

1987 É homenageado com o samba-enredo "O reino das palavras", pela Estação Primeira de Mangueira, que se sagra campeã do Carnaval. No dia 5 de agosto, morre sua filha, Maria Julieta, vítima de câncer. Muito abalado, Drummond falece em 17 de agosto.

Pintura de Drummond em quadro de Portinari, 1936.

Casa onde nasceu Drummond, em Itabira (MG). Foto de 1902.

Drummond (em destaque) em Itabira (MG) em foto de 1917 (acervo do poeta, disponível em: https://www.carlosdrummond.com.br/conteudos/visualizar/Fotos-do-acervo).

Drummond (de braços cruzados) em foto com a família (acervo do poeta, disponível em: https://www.carlosdrummond.com.br/conteudos/visualizar/Fotos-do-acervo).

Drummond na formatura em Farmácia, em 1925 (acervo do poeta, disponível em: https://www.carlosdrummond.com.br/conteudos/visualizar/Fotos-do-acervo).

Drummond e sua esposa, Dolores, em 1943 (acervo do poeta, disponível em: https://www.carlosdrummond.com.br/conteudos/visualizar/Fotos-do-acervo).

Drummond e Capanema no lançamento da pedra fundamental do prédio do MEC, em 1937 (acervo do poeta, disponível em: https://www.portinari.org.br/en/archive/iconographic/23218/predio-do-mec).

Carlos Drummond de Andrade em 1959. Foto: Marcel Gautherot (Acervo CDA/IMS).

Drummond, José Olympio e Manuel Bandeira (disponível em: https://www.portinari.org.br/en/archive/iconographic/23584/reuniao-social).

Drummond (segundo sentado, da esquerda para a direita) no evento em homenagem a Graciliano Ramos, em 1942 (disponível em: https://www.portinari.org.br/en/archive/iconographic/22529/homenagem-a-graciliano-ramos).

Drummond e Capanema em foto de 1942. Entre eles está Rodrigo Melo Franco de Andrade.

Drummond (sentado) e Rodrigo Melo Franco de Andrade (ao centro) em Ouro Preto trabalhando juntos no Iphan, 1951 (acervo Iphan, disponível em: https://vitruvius.com.br/revistas/read/arquitextos/13.149/4526).

Drummond e sua filha, Maria Julieta, na década de 1980.

A filha, Maria Julieta, a esposa, Dolores, e Carlos Drummond de Andrade (disponível em: https://www.elfikurten.com.br/search/label/Carlos%20Drummond%20de%20Andrade%20-%20um%20poeta%20de%20alma%20e%20of%C3%ADcio).

Carlos Drummond de Andrade em 1982. Foto: Rogerio Reis/Divulgação.

Drummond em Copacabana. Esta é a foto que inspirou a estátua do poeta (Foto: Grupo Editorial Record).

Nota de 50 cruzados novos em homenagem a Carlos Drummond de Andrade, a qual começou a circular em 1988, um ano após a morte do poeta.

Foto extraída do *site* do Instituto Moreira Salles, disponível em: https://ims.com.br/titular-colecao/carlos-drummond-de-andrade. Acesso em: 12 abr. 2025.

Foto extraída do *site* do Instituto Moreira Salles, disponível em: https://ims.com.br/titular-colecao/carlos-drummond-de-andrade. Acesso em: 12 abr. 2025.

Foto extraída do *site* do Portal Contemporâneo da América Latina e Caribe, disponível em: https://sites.usp.br/portalatinoamericano/espanol-drummond-de-andrade-carlos. Acesso em: 12 abr. 2025.

Foto extraída do *site* do Instituto Moreira Salles, disponível em: https://ims.com.br/titular-colecao/carlos-drummond-de-andrade. Acesso em: 12 abr. 2025.

Esta obra foi composta em fonte Palatino Linotype, corpo 10
e impressa em papel Pólen Bold 70g (miolo) e Supremo 250g (capa)
pela Gráficas Star7.